气候变化经济过程的复杂性丛书

区域能源与碳排放战略决策分析的模型探索

邓吉祥　于洪洋　石　莹　刘　晓　王　铮　著

国家重大研究计划（973）项目（No.2012CB955800）资助

科学出版社

北　京

内 容 简 介

本书结合我国区域气候经济治理的现实需求，从碳减排经济学出发，运用发展经济增长原理、动态最优化理论、投入产出和目标规划模型、DSGE模型等理论和方法，开展了区域能源碳排放的基本模型建模，定量评估了中国区域碳排放的未来演化趋势、区域碳排放权的分配效果，提出了区域最优减排路径，讨论了能源结构演化、碳排放权分配、碳税、产业结构优化等气候经济政策的减排有效性。结合计算机技术、采用混合编程等方法，对IAM模型进行了建模和模拟，研发了一个基于GIS的区域能源与碳排放战略决策支持系统作为IRAM的核心探索，基于该系统，完成了不同情景、不同政策的气候影响模拟和评价，得到了中国最优平稳减排路线等重要结论。本书可以为政策模拟相关领域的研究人员提供参考，也可供经济学、管理学、地理学、大气科学、环境科学等专业的高年级本科生和研究生参考或作为基础教材使用。

图书在版编目（CIP）数据

区域能源与碳排放战略决策分析的模型探索/邓吉祥等著. —北京：科学出版社，2016.4

(气候变化经济过程的复杂性丛书)

ISBN 978-7-03-047977-8

Ⅰ. ①区… Ⅱ. ①邓… Ⅲ. ①能源经济-研究-中国②二氧化碳-排气-研究-中国 Ⅳ. ①F426.2②X511

中国版本图书馆CIP数据核字（2016）第062041号

责任编辑：万 峰 朱海燕/责任校对：张小霞

责任印制：张 伟/封面设计：北京图阅盛世文化传媒有限公司

科学出版社 出版

北京东黄城根北街16号

邮政编码：100717

http://www.sciencep.com

北京凌奇印刷有限责任公司 印刷

科学出版社发行 各地新华书店经销

*

2016年4月第 一 版 开本：787×1092 1/16

2016年4月第一次印刷 印张：9 1/4

字数：205 000

POD定价： 79.00元

(如有印装质量问题，我社负责调换)

《气候变化经济过程的复杂性丛书》序

气候变化经济学是近20年才被认识的学科，它是自然科学与社会科学结合的产物，旨在评估气候变化和人类应对气候变化行为的经济影响与经济效益，并且涉及经济伦理问题。由于它是一个交叉科学，气候变化经济学面临很多复杂问题。这种复杂问题，许多可以追踪到气候问题、经济问题的复杂性。这是一个艰难的任务，是一个人类面临的科学挑战，鉴于这种情况，科学技术部启动了国家重大基础研究计划（973）项目——气候变化的经济过程复杂性机制、新型集成评估模型簇与政策模拟平台研发（No.2012CB955800），我们很幸运，接受了这一任务。本丛书就是它的序列成果。

在这个项目研究中，我们围绕国际上应对气候变化和气候保护的政策问题，展开气候变化经济学的复杂性研究，气候保护的国际策略与比较研究，气候变化与适应的全球性经济地理演变研究，中国应对气候变化的政策需求与管治模式研究。项目在基础科学层次研究气候变化与保护评估的基础模型，气候变化与保护的基本经济理论、伦理学原则、经济地理学问题，在技术层面完成气候变化应对的管治问题，以及气候变化与保护的集成评估平台研究与开发，试图解决从基础科学到技术开发的一系列气候变化经济学的科学问题。

由于是正在研究的前沿性课题，所以本序列丛书将连续发布，并且注重基础科学问题与中国实际问题的结合，作为本丛书主编，我希望本丛书对气候变化经济学的基础理论和研究方法有明显的科学贡献，而不是一些研究报告汇编。我也盼望着本书在政策模拟的方法论研究、人地关系协调的理论研究方面有所贡献。

我有信心完成这一任务的基础是，我们的项目组包含了一流的有责任心的科学家，还包揽了大量勤奋的、有聪明才智的博士后和研究生。

王　铮

气候变化经济过程的复杂性机制、新型集成评估模型簇

与政策模拟平台研发首席科学家

2014年9月18日

前　言

减排已成为全球共识，作为负责任的大国，中国继 2008 年提出了 2020 年单位 GDP 碳排放量比 2005 年减少 40%~45%的目标后，又向世界承诺 2030 年后不再增加碳排放。有关气候变化的应对和保护政策必须落实到区域层面才能保障总体目标的实现，因此在该目标约束下，如何在努力控制碳排放前提下，确保地区经济增长的平稳性和经济发展的相对公平性，已成为政府制定区域可持续发展政策的重要问题。因此，根据全球气候经济学集成评估模型（IAM）的科学思想，我们需要面向全球治理的 IAM 系统、面向一个国家的 IAM 系统和面向地方（local 或者狭义的区域的）治理的 IAM。发展应对气候变化下区域经济可持续发展决策支持系统，就是发展面向地方治理的 IAM 的工作。

基于这种科学和国家需求，我组织了研发区域能源与碳排放战略决策支持系统[地方气候变化经济学集成评估模型（intergrated regional assessment model, IRAM）]的工作。在我的组织下，先后参加这项工作的主要有我的研究生朱永彬、刘晓、黄蕊、邓吉祥、陈志健、于洪洋、石莹、吴乐英、丁冠群、顾春香，我负责了这个 DSS 的规划和设计，华东师范大学王远飞副教授、乐群副教授参加了系统规划。模型内容是 DSS 的重要部分，我的工作就是领导开展这项模型研究。本书讨论的这些模型主要来自邓吉祥同学的博士学位论文，经济增长的能源需求模型部分，来自朱永彬、黄蕊的最初研究，DSGE 部分，来自于洪洋的学位论文，混合能源消费模型是石莹完成的，碳配额方法研究是刘晓完成的，邓吉祥在这个研究中起到了承上启下的作用，并且完成了本书的初稿。因此，邓吉祥是本书的主要作者，于洪洋是第二作者，石莹是第三作者，刘晓是第四作者，我作为系统的设计者、部分模型的提出者和系统开发的组织者，最后修订了书稿，成为了本书统筹和通信作者，列名以后。其他同志对本书也有贡献，我们是一个研究团体。

在内容方面，本书综合应用经济学原理、动态最优化理论与方法、投入产出模型和目标规划等方法，开展了基本的模型的建模，可以定量评估区域碳排放政策和减排路径，并讨论了能源结构演化、碳排放权分配、碳税等气候经济政策对减排的有效性，分析了不同减排政策对产业结构、区域发展和区域公平性的影响。技术上，本书部分反映了以 C#.NET 为基础，并结合 Arcgis Engine 二次开发，最终开发出了一个基于 GIS 的区域碳排放决策支持系统的工作。

必须指出，由于 IRAM 的复杂性，本书的研究作为区域碳排放控制战略 DSS 的原型探索，尚在发展中。而本书的研究工作来自各位作者独立的工作，作为 IRAM 完整系统的研究，还在探索中，这里发表的是模型，只能说是原型性的。目前，作为 IRAM，本书反映它需要四大模块，即平稳增长下碳排放需求计算模块、能源与碳排放结构分析模块、碳排放权分配模块和碳税分析模块。发表出来，希望这些模型的研究有助于满足目前强烈需要的区域（地方）碳减排控制评估和可持续发展决策，供学界同仁讨论，共同发展。

需要说明的是，由于地方性数据获取的困难，本书作为案例研究，是基于以中国为对象的区域。区域是一个地理学词汇，它指作为经济体系和环境体系存在的地球表面的一个空间范围；因此，地方是一个区域，全球也是一个区域，中国当然是一个区域，本书的区域模型，原则上适合于一个国家和一个地方；而对于全球而言，由于其唯一性，则需要具体研究。

特别要说明的是，由于本书主要是理论和方法学探讨，分析基于的数据尚不详尽，模型参数也是实验性的，所以它得到的一些政策性数据，是示意性的，不宜作为政策结论引用。

王　铮

2015 年 11 月于华东师范大学

目　　录

第 1 章　绪　　论

1.1　问题的提出

近年来的全球气候变化打破了大气层和地球生物圈之间的平衡，并以全球气候变暖、酸雨和臭氧层破坏等方式给地球生物的生存带来了致命的威胁。从人类可持续发展层面上讲，应对全球气候变化已成为人类自我保护和生存繁衍的底线，对可能风险的忽视或不作为都是对人类前途的冒险；从气候变化的经济和社会影响来看，2006 年的斯特恩报告指出，除非各国立即采取有效的减排措施，否则气候变化将对全球经济增长和社会发展带来严重的影响，其每年的损失和风险将达到全球 GDP 的 5%~10%，且损失会一直持续（Stern,2006）。应对全球气候变化已迫在眉睫。

由于气候变化主要由人类活动大量排放的温室气体所导致（Ehsan,1997; Vitousek et al.,1997），因此，减少由人类活动引发的温室气体排放，尤其是减少碳排放成为人类可待续发展的必然选择。2008 年我国政府郑重承诺实行碳减排，并将减排的任务提到了国民经济运行的议事日程。作为负责任的大国，中国一方面遵循着各项已达成的国际气候协议，另一方面也提出了适合自己的减排目标，即到 2020 年中国单位国内生产总值二氧化碳排放比 2005 年下降 40%～45%。中国已将该决议作为约束性指标纳入了国民经济和社会发展中长期规划，并制定了相应的国内统计、监测、考核办法，体现了中国政府对全球减排行为的决心和责任。与此同时，要达成这一战略目标还需解决一些其他问题，包括中国能否完成这一目标？完成这一目标会对中国经济带来哪些影响？如何进行相关的政策选取以完成这一目标等？这些问题也成为了学者们关注的焦点。

首先，气候变化不仅仅是环境问题，也是发展问题（刘燕华等,2008），在过去 30 多年里，中国的年均经济增长率超过了 10%，并创造了“中国奇迹”，但中国经济还没有达到早期工业化国家的水平，福利水平也远远落后于发达国家。而从减排与经济增长的相互关系看，单纯的减排行动可能带来经济的衰退，从而使减排得不偿失，这种情况不仅在中国存在，而且在以“金砖五国”为代表的发展中国家中普遍存在，这也就引发了关于减排代价的探讨。

一方面，中国要完成评估减排目标必然要牺牲一定的经济增长速度，另一方面，中国如果不减排，则要承担全球变暖的重要责任，而全球变暖同样会对中国经济带来隐性影响，如 IPCC（intergovernmental panel on climate change）第四次报告估计，相对于 1980～1999 年全球平均气温，温度上升 1～2.5℃，高达 30%的物种将灭绝，若按当前工业发展速度，到 2030 年，每排放 1tCO_2 当量的温室气体，可能增加工业成本 100 美元，同时，受气温变化，热浪、洪水和干旱导致的发病率和死亡率都将上升，也会对农牧业、水资源、海岸线变化等产生不利影响。因此，经济活动与能源环境之间存在相互影响，相互作用的反馈机制，从经济学角度来看，存在两种可能的关系，一种是此消彼长的矛盾关系，另一种是相互促进的和谐关系（潘家华,1997）。对于人类可持续发展而言，后者是明智的选择，但如何平衡经济增长与减排间的关系具有较大的复杂性，它的政策问题不可能用经验判断就能解决，而采用区域集成评估模型（integrated regional assessment models,IRAM）进行评估和判断是一个较好的方案，应用 IRAM 能评估合理的碳排放评估方案，并可对区域或者地方应对气候变化进行碳减排提供政策分析，因而具有普遍的区域需求。

IRAM 是一个复杂的模型体系，需要专门的研究。但对于区域决策者而言，他们往往不可能关注模型构建的细节，而只能关注不同的政策的治理结果。因此，为了增加 IRA 的应用性，需要开发 IRAM 的软件系统。一方面，对于这样的需要为了满足易用性，通常要结合软件工程思想，对模型进行封装，通过一些简单的接口对模型进行操作，从而形成一个界面友好的人机交互平台和区域碳减排评估系统。另一方面，这个系统将不可避免地需要区域信息支持，这就提出地理信息系统如何支持这一系统的问题。将地理信息科学应用于气候变化研究，国内外已有学者进行了大量的探索，如 Bernardi（2001）和 Thenkabail（2000）等以农业气候数据集成为基础，运用 GIS 技术对农业生态与土壤等方面进行了研究，但未真正涉及 GIS 在气候资源分析和区域评价等方面的应用研究；赵杰明等（1997）设计了“陕西省卫星遥感与农业气象信息服务系统”；王荣堂等（1998）采用快速原型法开发了湖北江陵某县的农业气象信息服务系统；刘丽等（2006）针基于 SQL Server C/S 分布式环境，采用二次开发技术，建立了基于 GIS 组件的农业气象信息客户端服务系统和基于网络的农业气象信息 C/S 分布式数据库，提升了农业气象信息服务的内容和形式；苏占胜等（2008）基于 GIS 技术研究了宁夏气候要素的小网格推算方法。遗憾的是，GIS 在社会化方面缺乏大型的示范型工程（闾国年等,2013），在气候变化经济学的研究领域，GIS 技术的应用还比较罕见。本书的一个具体的研究目的就是将气候变化经济学评估系统开发与 GIS 技术进行结合。

总之，本书的研究重点是，试图开发一个结合 GIS 的区域碳减排政策集成评估系统，并基于该系统展开应用。

1.2　区域碳减排评估系统研究

1.2.1　集成评估模型综述

气候变化问题被人类重视的标志性事件是 1972 年在瑞典首都斯德哥尔摩召开的联合国人类环境会议，该会议强调了环境对于人类社会发展的重要性，重申了发展中国家和发达国家应该对环境变化负责。随后，IPCC 报告对碳排放的来源进行了评估，认为大气中新增的碳排放主要来自于人类活动，但如何减排，以及这种减排将引出？又是哪些活动引发的 CO_2 排放是值得重点关注的？哪些类型的 CO_2 排放是可以减少的？CO_2 排放与经济增长之间的关系是怎样的，有没有一些普遍规律存在，如果有，这种规律能否为减排作指导？如此形成了一系列问题需要解决。

针对以上问题，学者们开展了广泛的研究，建立了全球性的集成评估模型（integrated

assessment models,IAM）。这当然是很大的进步，但是流行的IAM主要是针对国际问题的，而减排需要落实在区域或地方上，由此研究地方或者区域的碳减排集成评估模型，特别是具有决策支持系统水平的模型与软件（IRAM）成为了重要的工作。

关于 IRAM，目前的研究大部分以数理统计模型和经济计量模型为基础，对系统集成模型涉及不多，而且模型不能综合考虑经济-环境-能源之间的相互关系，未能将系统反馈作为模式内部的可调机制或外部调节机制来模拟，政策制定者和学者之间也缺乏充分的联系，加上从多学科角度解释结果的困难（Palmer,1992; Park and Seaton,1996; Syme et al.,1994），导致研究结论往往不够全面。事实上，对于减排的气候影响评价是一个综合性的跨学科的问题，涉及区域、国家及全球各种尺度，而且关于温室气体减排影响的研究必须综合社会-气候系统各分量之间的相关关系，不仅包括社会经济各部门内部和部门之间的相互作用和反馈，也包括减轻和适应气候异常影响的各种可能对策和措施。基于此，依据集成评估模型的原理展开研究，是一种可行的方案，这样可对相关模型进行综合，用以分析区域经济在在各种气候政策下的动态变化，并模拟减排政策作用下的经济系统的变化过程，并辅助决策。

根据 Rotmans 和 Van Asselt（1996）1996年提出的IAM定义，“集成评估模型是一个交叉学科的参与过程，它将不同学科的知识进行结合、解释和交流，以更好地理解复杂的现象”。该定义明确了IAM的目标是为政策提供信息和辅助决策，其理想状态是调查和建议的反复迭代过程，交流在IAM模型中占据重要地位，各方利益团体在IAM模型中相互表达诉求，交流不仅包括学者提供给决策者的建议，而且也包括决策者将自己吸取的经验教训反馈给学者，以及利益团体给科学家反映的有关社会设想和观点，最终在IAM模型中形成一个完整的反馈系统，以达到最终的平衡态。

集成评估模型的目标并不是探寻事物复杂性的本质（Waldrop,1992），而是在集成评估的过程中，对现实问题采用合适的方法来组装整个模型的构成部分和学科部分，简单地说， IAM 的“良好实践”更像是一个从事集成评价的社团构造自已本身（Ravetz,1997）。IAM不以模型为最终产品结束，而是在集成评估过程中采用它，作为探索问题的手段，或者说模型是作为把相关科学知识传递给一个外行者的工具。

Margerum 在关于集成环境管理的讨论中提出，虽然集成化是我们努力的目标，但在实践中从没有真正实现过这个目标，IAM 的理想状态极难实现，而专注于 IAM 过程则能学到重要的经验，对于 IAM 而言，在许多方面最重要的是过程而不是结果（Margerum,1995）。

由于集成评估的主题是多部门内生的，具有技术的不确定性和价值的多重性等特点（Ravetz,2000），其导致的复杂性是组成学科的复杂性和利益团体对未来的希望、恐惧这类紧急事件的混合物(科斯坦萨和乔根森,2004)。尽管集成评估模型有很大的复杂性，而且对其研究还处于起步阶段（Horgan,1996），但这一模型在未来的各领域研究中将发挥越来越大的作用。

将IAM模型应用到气候影响评估中，其目的是确定、分析和评价气候变化率和气候变化对自然系统、人类活动、人类健康和福利的影响，估算围绕这些影响的不确定性，并且审议可能做出的适应性响应来减少不利影响或开拓新的机会（戴晓苏,2001），利用气候影响评估模型可以达到以下目的：①评价气候变化对经济参数变动的影响；②研究气候变化对某一经济系统的综合影响；③对某一经济系统作定量的风险分析；④作为一种管理工具，与用户对话，向用户提供趋利避害的建议；⑤作为一种组织工具，把一个系统有价值的情报组织到一个有条理的而又有用的框架中，更清楚地揭示出各系统之间的内部联系（戴晓苏,2001）。

综上所述，随着对气候变化的认识更加深刻，人们已意识到气候问题是由自然和人类系统之间复杂的交互关系引起的，对该问题的研究已超越了单一学科所拥有的分析技巧，而 IAM 试图将各种评估方法或模型的要素集成在一个特定区域或部门系统中，因而不但能比单一学科研究提供更有价值的科学结果，而且可以向决策者和社会提供实用的科学信息。在集成评估模型中，将气候学研究的科学方面与政策方面联系起来，可以为采取适应和减缓气候异常的各种可能措施提供理论基础。

1.2.2　区域集成评估模型

当前，对 IAM 的研究尺度不再像气候变化模型那样仅限于全球尺度，由于大尺度的自然资源管理问题必须在地区尺度上解决，而任何尝试阻止和减轻全球变暖影响的政策也必须在地区尺度上执行，因此，IAM 模型开始包括气候问题的区域模型，即 IRAM。

区域集成评估模型提供一种透明和交互式的框架，让利益团体参与到决策过程中。该框架提供了一种方法，在不同尺度上集成不同利益团体的单个模型，并帮助利益团体在理解、价值和关注的问题上进行交流，将利益团体的社团组织起来（科斯坦萨和乔根森,2004）。通过对 IAM 模型的建模，可以有效提高决策者对不同时空尺度范围内环境问题洞察力（Risbey et al.，1996），并提供跨越学科界线的联系框架（Park and Seaton,1996;Born and Sonzogni,1995），促进决策者和科学家之间进一步联系（Rotmans and Asselt,1996）。

中国气候变化影响评价的研究和业务工作起步较晚，和世界发达国家水平还有一定差距，尽快研发并建立一套适合中国区域特色的区域减排评估系统是非常必要的。

中国区域减排评估的代表性模型应用在 20 世纪 90 年代以来有了很好的发展。张阿玲等（2002）将经济-能源-环境模型用于温室气体减排技术选择和减排对经济影响的分析中；郑玉歆和樊明太（1999）引进 PRCGEM 模型，采用比较静态分析方法，分析了不同碳税对中国 CO_2 排放以及宏观经济的长短期影响；贺菊煌等采用 CGE 模型研究了碳税的作用（贺菊煌等,2001）；蒋金荷（2010）、蒋金荷等（2002）应用系统动力学理论和 IO 方法，研制了中国宏观经济系统动力学模型，分析了 CO_2 减排对中国国民经济的和主要耗能部门的影响；陈文颖等应用能源-环境-经济耦合的中国 MARKAL-MACRO 模型进行了模拟分析（陈文颖等,2004）；姜克隽（2004）结合 SGM 模型，重点从能源效率角度分析了中国减排潜力情况；王灿等（2005）采用 CGE 模型分析了减排对中国经济的影响。王铮课题组从 1999 年起开始研究气候保护政策问题，建立了局部的均衡宏观经济模型和包括内生技术进步的 CO_2 减排可计算模型体系（王铮等,2002; 王铮等,2006），并在人地关系协调思想指导下，增加了碳汇的经济成本模型，实现了对包括增汇型、能源替代型和生产型 CO_2 排放控制政策对中国宏观经济安全的影响分析（王铮等,2004）。

崔丽丽以连贯状态模型（Pizer,1999）和 LEAN-TCM（Welsch and Hoster,1995）为基础，实现了控制 CO_2 减排率和能源-资本-劳动力替代温室气体的中国气候-经济的模拟（崔丽丽等,2002）。

为了更好地满足社会经济活动的需要，获得更大的社会经济效率，不仅需要定性评价气候影响，还需要确定气候变量与社会经济参数之间的数量关系，建立气候变量和社会经济参数间的数学模式。因此，本书基于目前气候变化、能源演化、减排模型、减排政策等气候治理的研究现状，将最优化理论、CGE 方法、DSGE 方法相结合，研发区域碳减排政策经济学集成评估系统，各模型之间的联系通过模型参数、输入输出参数进行连接，用于评估区域碳排放的治理。

1.2.3 区域气候治理的模型要求

国际上已形成一系列成熟的减排框架或减排政策（Cramton and Kerr,2002; Janssen and Rotmans,1995; Kverndokk,1995），作为全球气候治理的基础。但由于区域存在差异，减排政策的制定也相应地需要这种差异性，目前两种流行的气候治理方式——碳排放权控制和征收碳税，需要在面向区域气候治理的 IRAM 中体现了出来。这种治理方式，需要两方面的认识，这就构成了它的模型要求。

区域治理首先要关心气候治理或者说碳减排对区域经济增长的影响，这就意味着 IRAM 能够对未来经济增长下的碳排放需求做出估计，寻找在经济目标下的减排对策。这样，IRAM 需要两个模型：一个是经济增长预测模型，这个模型包含有政策控制和经济增长特别是平稳增长的碳排放需求预测，以及能源结构演化模型，因为能源结构影响碳排放，调整能源结构是气候治理的主要内容。在这方面王铮等（2010）年发展了一系列的模型来探索，可供参考。

另一个模型是关于治理的重要手段，即碳税的经济影响和排放影响模型。征收碳税将使温室气体排放量出现大幅下降，此时能源将成为昂贵的生产要素，因此企业会进行能源替代、采取技术进步或减少产量等措施来应对，从而有利于减排（周凤起和周大地,1999），而且碳税在执行方面比全球性的治理手段碳排放权交易简单易行（Bruvoll and Larsen,2004）。但是开征碳税会违背公平原则，拉大分配差距（魏涛远和格罗姆斯洛德,2002），由此 IRAM 需要包含碳税征收的分析模块。

最后一个问题是治理中面临的碳排放权分配问题，关于这个问题需要与碳交易结合，朱潜艇（2015）研究了这方面的模型，刘晓（2012）对碳排放权的原则做了较多的研究，成为了我们建立 IRAM 的基础。

1.3 系统规划

综合以上研究，碳排放问题的研究热点主要集中在碳排放估计及预测、能源结构演化、碳税研究，以及碳排放权分配和等方面。学者们对各问题均进行了较为深入的研究，但从整体上看，对各问题仍缺乏统一的研究框架，导致各研究模型分散，对同一问题的研究结论不一致等问题，另外，由于当前解决碳排放相关问题的模型均为大型复杂模型，采用传统计算方法往往导致模型调整困难、计算速度慢、情景分析困难等问题，特别是决策者和模型构建者之间无法建立简单有效的沟通平台，不能满足经济分析和减排决策的需要，因此，有必要运用软件工程思想，结合计算机技术，将各模型统一，形成统一的区域碳排放政策模拟系统，以提高减排政策模拟的效率和可靠性。系统解决的问题主要包括以下几方面：①继承前人的成果，扩展模型，实现研究的一致性；②寻找避免区域实现减排而不对经济增长导致巨大冲击的决策分析模型；③探讨区域在碳排放约束下的能源结构演化规律分析；④评估不同的碳税情景对中国产业结构调整带来的影响；⑤评估不同的碳排放权分配原则组合对区域产生的影响。基于此，设计系统框架如图 1.1 所示。

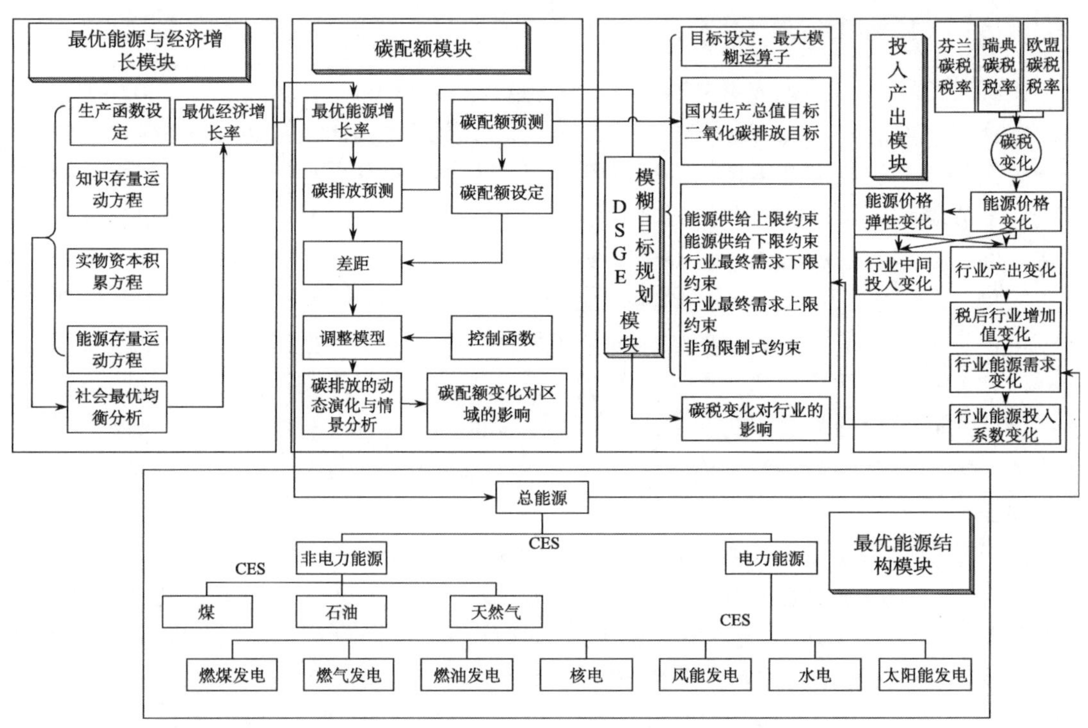

图 1.1 区域经济增长与能源碳排放的 IAM 模块结构设计

针对以上问题，本书规划区域碳排放政策集成评估系统将包括四大模块。

（1）最优能源与经济增长模块：这一模块的相应模型对应本书的第 2 章，主要解决问题①和问题②。朱永彬（2011）、刘晓（2012）等的博士学位论文已对中国各省份的经济最优经济增长路径进行了研究，并给出了中国平衡经济增长路径下各省份的碳排放路径，本书继承并整合其模型，引入最优控制理论建模，形成本书的分析基础，系统将生产函数各参数设为外生变量以模拟不同的情景。

（2）最优能源结构模块：这一模块的相应模型对应本书的第 3 章，主要解决问题③。该模块引入 WITCH 模型，将能源品种划分为电力能源和非电力能源，并对两种能源进行进一步细分，讨论不同能源在不同情景下的演化趋势。系统将相关参数外生，以适应不同的情景分析。

（3）税收影响模块：这一模块的相应模型包括投入产出模型、模糊目标规划模型、DSGE 模型，相应的内容包含在本书第 4～第 6 章中。本模块主要解决问题④。由于中国还没有实施碳税，我们的研究借助了发达国家的经验或者政策案例。

（4）碳配额模块模块：这一模块的相应模型对应本书的第 7 章，主要解决问题⑤。刘晓（2012）探讨了修改模型，在其基础上实现分配原则的动态化，以讨论不同参数变化对碳排放权分配的影响。

第 2 章　经济可持续增长模型

“可持续增长”是 20 世纪后期人类认识到的关键科学问题。首先能源面临着耗竭的危险，其次环境因为资源开发而被破坏。人类由此提出可持续发展的概念，而这首先是经济学家对自然资源的态度开始变得谨慎。他们认为，人类假设人力资本可以取代自然资本是荒谬的，因为：①资源是有限的；②地球承载力是有限的；③经济增长不是资源环境的灵丹妙药（余江,2008）。为此，对于经济增长过程，将能源作为生产要素引入经济增长模型是必要的。Jorgenson（1987）将生产函数设定为产出=*f*（资本、劳动力、原材料、电力、非电力能源）。这就为研究经济增长下的碳排放开拓了道路。对此王铮等发展了一个黄金增长下的碳排放模型（王铮等,2010）。

本章通过延续了王铮、朱永彬等最优平稳增长（王铮等,2010）的模型思想，结合了 Nguyen 等人的增长模型框架（Nguyen,2008），并结合尤卓雅等的模型（尤卓雅,2011），试图发展一个资源环境约束条件下的经济保持平稳增长路线的可计算模型。这里的平稳增长是经济增长的基本要求，没有增长，社会就不会接受，特别是发展中国家要求是这样的。没有平稳，积极意义上的减排就会停止，因此，如何保证区域既完成其减排目标，又保持经济稳定增长的稳定性变得非常重要，模型的主要思想如下。

（1）Dixit 、Stiglitz 和尤卓雅等的模型考虑了中间产品的差异性，提出最终产品的生产由 *n* 种差异化中间投入组合而成（Dixit and Stiglitz,1977），这一假设增加了模型的复杂性而对模型的基本结论影响不大，为此，本书对此不加考虑以简化模型。

（2）前人的模型中（Gastaldo and Ragot,1996; Grimaud and Rouge,2008; Smulders, 1995;尤卓雅,2011），最终产品产出采用 CES 型生产函数，$Y=\left(\int_0^n y_i^\eta d_i\right)^{\frac{1}{\eta}}$，$[i\in(0,n)]$ 表示中间产品 y_i 对生产最终产品 Y 的贡献，最终产品看成研发投入和中间产品投入的函数，而中间产品由于具有差异性，因而增加了计算的复杂性。而本书的目的在于分析经济增长与能源需求之间的平衡关系，仿效王铮等（2010）的方法，采取 *C-D* 生产函数以便剔除干扰，分析问题的本质。

（3）Gastaldo、Grimaud、Smulder 和尤卓雅（Gastaldo 和 Ragot,1996; Grimaud and Rouge,2008; Smulders,1995;尤卓雅,2011）等的模型中，将生产函数看成技术进步、资本、劳动力、可再生能源和不可再生能源的函数，$Y=F(A,K,L_Y,E_X,E_Z)$，且各要素之间采用 *C-D* 函数形式复合，该假设的不合理之处在于，当生产中全部采用不可再生能源时，总产出为 0。因此，本书在生产函数中不区分可再生能源和不可再生能源，但在能源替代分析时将能源看成 CES 生产函数。

（4）Grimaud 等在研究能源对经济产出的影响时，将总人口标准化为 1，即 $L_Y+L_A=1$，L_Y,L_A 分别表示普通生产工人和技术工人的数量，该假设没有考虑人口规模变化对经济增长的影响，而重点考察人力资本在创新部门的配置对经济的影响，但该假设不符合区域的实际情况，因为人口规模变化必将对经济增长产生影响，因此，本书引入一个外生人口增长率。

2.1　模型基本结构

2.1.1　生产函数

为研究能源投入与经济产出之间的关系，Moon 和 Sonn 将资本与能源投入内生化，构建了一个跨期的内生经济增长模型，以此研究能源投入的最优投资行为和能源价格变化对最优经济增长率及储蓄率的影响（Moon and Sonn,1996），该模型采用了 C-D 生产函数 $Y = AK^{\alpha}E^{1-\alpha}$，$A$ 代表全要素生产率，Y 代表总产出，K 代表资本投入，包括物质资本和人力资本，E 代表能源投入，α 为资本产出弹性。本书从三方面将生产函数进一步细化。

（1）将 K 分解为人力资本 L 和物质资本 K，而 L 参考其他知识积累模型（Gastaldo and Ragot,1996; Grimaud and Rouge,2008; Smulders,1995），分解为 R&D 技术工人和普通生产工人。设前者所占比例为 L_A，后者所占比例为 L_Y，则有 $L_A + L_Y = 1$。

（2）考虑技术进步，设知识存量为 n，且令 $A = n^{\eta}$。

（3）考虑人口增长，设增长率为 g，则 $\dot{L} = gL$。

基于以上两点，最终生产函数如式（2.1）所示：

$$Y = AK^{\xi}(L \cdot L_Y)^{\gamma} E^{\beta} \tag{2.1}$$

式中，ξ,γ,β 分别为各相关变量的产出弹性，假设 $\xi + \gamma + \beta = 1$，且 $0 < \xi,\gamma,\beta < 1$，在考虑技术进步情景下，最终产品的生产函数规模报酬递增，$\eta + \xi + \gamma + \beta > 1$。

2.1.2　生产-能源系统

首先构造区域能源-市场系统动力学模型。

（1）将 R&D 部门的知识存量的运动方程如式（2.2a）所示：

$$\dot{n} = L_A n \tag{2.2a}$$

式中，n 为社会技术水平。

（2）将实物资本的动态累积方程如式（2.2b）所示：

$$K = Y - C - \delta K \tag{2.2b}$$

式中，C 为消费；δ 为实物资本的折旧率。

（3）设能源存量运动方程如式（2.2c）所示：

$$\dot{R} = \phi R - E \tag{2.2c}$$

式中，ϕ 为能源可再生率。

（4）设人口运动方程如式（2.2d）所示：

$$\dot{L} = gL \tag{2.2d}$$

式中，g 为人口增长率。

式（2.2）构成了生产资源系统。

2.1.3　动态最优化理论模型

在区域经济系统中，社会总是谋求最优经济增长的社会福利最大。理论研究中，社会福利是消费 C 的函数，假定消费者具有完全预期能力，以追求效用最大化为目的，且有一个标准的固定弹性效用函数作为社会效益函数，如式（2.3）所示：

$$u(C)=\begin{cases}\ln C & \theta=1\\ \dfrac{C^{1-\theta}}{1-\theta} & \theta\neq 1\end{cases} \tag{2.3}$$

式中，θ 为消费的相对风险规避系数。

则依据最优控制原理（张洪钺和王青,2006），区域经济系统在能源约束下的社会福利最优化问题为

$$\begin{aligned}&\max U=\int_0^{\infty}u(C)\mathrm{e}^{-\rho t}\mathrm{d}t\\ &\text{s.t.}\quad \dot{K}=Y-C-\delta K\\ &\qquad \dot{R}=\phi R-E\\ &\qquad \dot{n}=nL_A\\ &\qquad \dot{L}=gL\end{aligned} \tag{2.4}$$

根据最优控制理论（张洪钺和王青,2006）和式（2.3），构造 Hamiltanian 函数式为

$$H=u(C)+\lambda_1(Y-C-\delta K)+\lambda_2(\phi R-E)+\lambda_3 n(1-L_Y)+\lambda_4 gL \tag{2.5}$$

式中，$\lambda_1,\lambda_2,\lambda_3$ 分别为变量 K,R,n 的影子价格。当实现动态最优时，必有式（2.6）~式（2.8）成立：

$$\frac{\partial H}{\partial C}=0,\frac{\partial H}{\partial E}=0,\frac{\partial H}{\partial L_Y}=0 \tag{2.6}$$

$$\frac{\partial H}{\partial K}=\rho\lambda_1-\dot{\lambda}_1,\frac{\partial H}{\partial R}=\rho\lambda_2-\dot{\lambda}_2,\frac{\partial H}{\partial n}=\rho\lambda_3-\dot{\lambda}_3,\frac{\partial H}{\partial L}=\rho\lambda_4-\dot{\lambda}_4 \tag{2.7}$$

$$\begin{aligned}&\lim_{t\to\infty}\lambda_1 K\mathrm{e}^{-\rho t}=0\\ &\lim_{t\to\infty}\lambda_2 R\mathrm{e}^{-\rho t}=0\\ &\lim_{t\to\infty}\lambda_3 n\mathrm{e}^{-\rho t}=0\\ &\lim_{t\to\infty}\lambda_4 g\mathrm{e}^{-\rho t}=0\end{aligned} \tag{2.8}$$

整理式（2.6）可得式（2.9）~式（2.11）：

$$\frac{\partial H}{\partial C}=u_C-\lambda_1=0\Rightarrow\lambda_1=u_C \tag{2.9}$$

$$\lambda_1\frac{\partial Y}{\partial E}-\lambda_2=0\Rightarrow\lambda_2=\lambda_1\frac{\partial Y}{\partial E} \tag{2.10}$$

$$\lambda_1 \frac{\partial Y}{\partial L_Y} - \lambda_3 n = 0 \Rightarrow \lambda_3 = \frac{1}{n} \lambda_1 \frac{\partial Y}{\partial L_Y} \tag{2.11}$$

遵循 Barro 的变量处理方法（巴罗,2000），定义转换变量为：$f = \frac{Y}{K}, v = \frac{C}{K}, z = \frac{E}{R}$，分别表示单位资本产出、单位资本消费和能源消耗比例，将各转换变量代入式（2.6）和式（2.7）中，可得各变量的增长率，即式（2.12）~式（2.19）：

$$g_A = L_A = 1 - L_Y \tag{2.12}$$

$$g_K = \frac{Y - C - \delta K}{K} = f - v - \delta \tag{2.13}$$

$$g_C = \frac{\xi f - \rho - \delta}{\theta} \tag{2.14}$$

$$g_R = \frac{\dot{R}}{R} = \frac{\phi R - E}{R} = \phi - z \tag{2.15}$$

$$g_E = -v + \frac{\eta}{\xi} + \frac{\phi(\beta + \xi) + (1 - \xi)\delta + \gamma g}{\xi} \tag{2.16}$$

$$g_{L_Y} = -v + \frac{\eta}{\xi} + \frac{\eta}{\gamma} L_Y + \frac{\phi\beta + (1 - \xi)\delta + \gamma g}{\xi} \tag{2.17}$$

$$g_Y = \xi f - v + \frac{\eta}{\xi} + \frac{\phi\beta + (\gamma + \beta)\delta + \gamma g}{\xi} - \delta \tag{2.18}$$

$$g_{L_A} = \frac{\dot{L}_A}{L_A} = \frac{1 - \dot{L}_Y}{L_Y} = \frac{L_Y}{L_Y - 1} g_{L_Y} \tag{2.19}$$

式（2.12）中，g_A 为技术工人（含研发人员）的增长率，其值与技术工人所占比例正相关，与从事生产的普通生产工人比例负相关，表明技术进步的关键在于提高技术工人在劳动力中所占的比例；式（2.13）中，g_K 为资本的增长率，其值取决于单位资本产出 f、单位资本消费 v 和资本折旧 δ，要获得较高的资本增长率，需要提高单位资本产出，或者降低单位资本的消费量和资本折旧率；式（2.14）中，g_C 为消费的增长率，其值取决于单位资本产出 f 和资本弹性 ξ 的乘积、时间偏好率 ρ、资本折旧 δ 和消费的相对风险规避系数 θ，当 $\xi f - \rho - \delta > 0$ 时，消费增长率大于 0，且市场风险越大，消费增长率越低，与消费者的市场风险规避行为相符；式（2.15）中，g_R 为能源存量的增长率，其值与可再生能源的可再生率和消耗能源占总能源的比例有关。如果 $\phi < z$，则从长期看，能源最终将消耗完毕，经济增长不可持续，而根据 Daly 的可持续发展理论，耗竭性资源的消耗速度应不大于其替代速度（Holdren et al.,1995），因此，加快化石能源等不可再生能源的替代速度是区域经济长期稳定增长的必然选择。式（2.16）～式（2.18），分别表示能源增长率，普通生产工人增长率和最终产出增长率，三者的变动趋势较为复杂，将在下面的模型稳态分析中讨论，式（2.19）中，g_{L_A} 与 g_{L_Y} 负相关，表明提高技术工人的比例会相应带来普通生产工人比例的下降。

2.2 模型稳态分析

2.2.1 平稳增长路径分析

在资源约束条件下，经济增长达到稳态时，各关键变量的增长率满足式（2.20）的关系：

$$g_E^* = g_R^* = -v^* + \frac{\eta}{\xi} + \frac{\phi(\beta+\xi)+(1-\xi)\delta+\gamma g}{\xi} \tag{2.20}$$

式（2.20）即保持资源可持续利用的条件。进一步考虑经济保持持续增长，则要求资本增长与消费增长平衡并且经济增长平衡，可得式（2.21）：

$$g_Y^* = g_K^* = g_C^* = \frac{\xi f^* - \rho - \delta}{\theta} \tag{2.21}$$

按经济学习惯，在人口增长与消费增长平衡下的最优增长率被称为为黄金增长率，定义这个保持了消费增长与产出平衡的增长率为第二类黄金增长率，在不引起混乱的情况下，本书简称黄金增长率。进一步假定，两种劳动力增长率，即比例不变，可得式（2.22）~式（2.23）

$$g_{L_Y}^* = g_{L_A}^* = 0 \tag{2.22}$$

$$g_A^* = (1 - L_Y^*) \tag{2.23}$$

在稳态下，f^*, v^*, z^*, L_Y^* 满足式（2.24）~式（2.27）：

$$f^* = \frac{\eta + \phi\beta + (1-\xi)\delta + \gamma g}{\xi(1-\xi)} \tag{2.24}$$

$$v^* = \frac{(\theta-\xi)\left[\eta + \phi\beta + (1-\xi)\delta + \gamma g\right] + \xi(1-\xi)[\delta + \rho - \delta\theta]}{\theta\xi(1-\xi)} \tag{2.25}$$

$$z^* = v^* - \frac{\eta}{\xi} - \frac{\phi\beta + (1-\xi)\delta + \gamma g}{\xi} \tag{2.26}$$

$$L_Y^* = \frac{1}{\eta}\gamma\left[v^* - \frac{\phi\beta + (1-\xi)\delta + \eta + \gamma g}{\xi}\right] \tag{2.27}$$

式（2.20）表示，区域经济系统中，资源或者能源消费量的增长应等于资源（能源）存量的增长，此时，可再生能源的使用将弥补不可再生能源的消耗，式（2.21）表示经济体的总产出、资本和消费和增长率相等，式（2.22）表示，当经济平衡时，技术工人和普通生产工人的增长率不再变化，式（2.23）表示技术进步增长率与总产出增长率之间的关系。为研究各变量对平衡状态的影响，以下将详细讨论各参数变化对产出、能源强度、人力资本和能源替代的影响。

2.2.2 黄金增长分析

由式（2.24）和式（2.21）可得式（2.28）：

$$g_Y^* = \frac{f^*\xi - \rho - \delta}{\theta} = \frac{\dfrac{\eta + \phi\beta + (1-\xi)\delta + \gamma g}{1-\xi} - \rho - \delta}{\theta} = \frac{\eta + \phi\beta - \rho(1-\xi) + \gamma g}{\theta(1-\xi)} \tag{2.28}$$

由式（2.28），黄金增长率可表示为

$$g_Y^* = \frac{\eta + \phi\beta - \rho(1-\xi) + \gamma g}{\theta(1-\xi)} = \frac{\eta + \phi\beta + \gamma g}{\theta(1-\xi)} - \rho \tag{2.29}$$

这就是一个区域的最优平稳增长率，也是第 3 章 IAM 模型中计算经济增长率的依据。式（2.29）中 g_Y^* 由多个参数决定，其中普通生产工人的增长率弹性 γ、能源可再生率 ϕ、能源弹性 ξ 和知识存量的弹性 η 均与平稳时期的经济增长率正相关。为研究单个参数对产出增长率的影响，有必要固定其他参数，并对式（2.29）中的 $\beta,\gamma,\xi,\eta,\delta,\rho$ 分别求偏导，考虑 $\xi+\gamma+\beta=1$，有式（2.30）~式（2.36）：

$$\frac{\partial g_Y^*}{\partial \beta} = \frac{(\phi-g)\gamma - \eta - g(\gamma+\beta)}{\theta(1-\xi)^2}\begin{cases} >0 & \text{if}:(\phi-g)\gamma-\eta-g(\gamma+\beta)>0 \\ =0 & \text{if}:(\phi-g)\gamma-\eta-g(\gamma+\beta)=0 \\ <0 & \text{if}:(\phi-g)\gamma-\eta-g(\gamma+\beta)<0 \end{cases} \tag{2.30}$$

$$\frac{\partial g_Y^*}{\partial \gamma} = -\frac{\phi(1-\xi+\beta)+\eta-g\beta}{\theta(1-\xi)^2} \tag{2.31}$$

$$\frac{\partial g_Y^*}{\partial \phi} = \frac{\beta}{\theta(1-\xi)} > 0 \tag{2.32}$$

$$\frac{\partial g_Y^*}{\partial \eta} = \frac{1}{\theta(1-\xi)} > 0 \tag{2.33}$$

$$\frac{\partial g_Y^*}{\partial \xi} = -\frac{\gamma(\phi+g)+g(1-\xi)-\eta}{\theta(1-\xi)^2}\begin{cases} >0 & \text{if}:\gamma(\phi+g)+g(1-\xi)<\eta \\ =0 & \text{if}:\gamma(\phi+g)+g(1-\xi)=\eta \\ <0 & \text{if}:\gamma(\phi+g)+g(1-\xi)>\eta \end{cases} \tag{2.34}$$

$$\frac{\partial g_Y^*}{\partial \delta} = 0 \tag{2.35}$$

$$\frac{\partial g_Y^*}{\partial \rho} = -\frac{1}{\theta} < 0 \tag{2.36}$$

由表 2.1 可知，各参数变量与平稳经济增长率之间的关系，参数 ϕ,η 与黄金增长率呈正相关，式（2.32）表示可再生能源的可再生率的提高有助于经济的长期增长，而且能源弹性或者资本弹性越大，可再生能源对经济增长的正效应将越大，在能源系统中，当不可再生能源所占比例增加时，反映能源清洁程度下降，CO_2 排放量增多，经济增长率下降，但可再生能源比例增加且可再生率提升，表示能源清洁程度上升，CO_2 排放量会相应减少，经济增长率也随之上升。式（2.33）知识进步的弹性越大，则产出增长率越高，即技术进步是经济增长的动力。式（2.35）表明折旧系数 δ 的变动则对产出增长率无影响。式（2.36）参数 ρ 与产出增长率负相关。式（2.36）表示时间偏好率越大，经济增长率越低，即如果经济体仅考虑短期利益，则经济增长方式对长期不利。式（2.31）表明了普通生产工人弹性与经济增长之间的关系，若不考虑人口增长的影响，则普通生产工人的弹性与经济增长正相关，而随着人口增长率的持续增加，人口可能会成为经济增长的负担；另外，参数 β,ξ 对产出增长率的影响较为复杂，其对经济增长的影响取决于式（2.30）和式（2.34）的分子项的符号。

表 2.1 黄金增长率的比较静态分析

	ϕ	η	δ	ρ
g_Y^*	+	+	—	–

由以上分析可知，能源的可再生率和知识存量的弹性始终对经济增长有正影响，尽管经济增长过程中不可再生能源会逐渐枯竭，但通过提高可再生能源的再生率以及技术创新水平，可以缓解经济增长与能源供需之间的矛盾。由于时间偏好率则对经济增长有负影响，但通过提高风险规避系数，可以降低这种负效应。

2.2.3 能源强度分析

能源强度即为单位产出所需要的能源，即 E/Y，能源效率可由能源强度的倒数表示。由式（2.16）、式（2.18）和式（2.24）可知，平稳条件下能源强度的变动趋势可表示为式（2.37）：

$$g_{E/Y}^* = \frac{\left(\frac{E}{Y}\right)'}{\frac{E}{Y}} = \frac{\frac{\dot{E}Y-\dot{Y}E}{Y^2}}{\frac{E}{Y}} = \frac{\dot{E}}{E}-\frac{\dot{Y}}{Y} = g_E^* - g_Y^* = \frac{(\phi-g)\gamma-\eta}{1-\xi} \tag{2.37}$$

从而可得式（2.38）：

$$g_{E/Y}^* = \frac{(\phi-g)\gamma-\eta}{1-\xi}\begin{cases} >0, \text{if}:(\phi-g)\gamma>\eta \\ =0, \text{if}:(\phi-g)\gamma=\eta \\ <0, \text{if}:(\phi-g)\gamma<\eta \end{cases} \tag{2.38}$$

为讨论各参数变化对能源强度增长率的影响，同样对式（2.38）分别对 $\beta,\gamma,\xi,\eta,\delta,\phi$ 求偏导，有式（2.39）~式（2.45）成立：

$$\frac{\partial(g_{E/Y}^*)}{\partial\beta} = -\frac{(\phi-g)(1-\xi+\gamma)-\eta}{(1-\xi)^2}\begin{cases} >0 & \text{if}:(\phi-g)(1-\xi+\gamma)<\eta \\ =0 & \text{if}:(\phi-g)(1-\xi+\gamma)=\eta \\ <0 & \text{if}:(\phi-g)(1-\xi+\gamma)>\eta \end{cases} \tag{2.39}$$

$$\frac{\partial(g_{E/Y}^*)}{\partial\gamma} = \frac{(\phi-g)\beta+\eta}{(1-\xi)^2} \tag{2.40}$$

$$\frac{\partial(g_{E/Y}^*)}{\partial\xi} = -\frac{(\phi-g)\beta+\eta}{(1-\xi)^2} \tag{2.41}$$

$$\frac{\partial(g_{E/Y}^*)}{\partial\eta} = -\frac{1}{1-\xi}<0 \tag{2.42}$$

$$\frac{\partial(g^*_{E/Y})}{\partial\delta}=0 \tag{2.43}$$

$$\frac{\partial(g^*_{E/Y})}{\partial\phi}=\frac{1}{1-\xi}\gamma>0 \tag{2.44}$$

依据式（2.39）~式（2.44），可知各参数与能源强度增长率的关系如表 2. 2 所示。

由式（2.38）知，能源强度增长率取决于$(\phi-g)\gamma$和η之间的关系，当前者大于后者时，能源强度增长率将呈正增长，即单位产出所需消耗的能量将增加，当前者小于后者时，能源强度增长率呈负增长，有利于能源使用效率的提高；进一步分解，能源强度的增长率主要取决于可再生能源的再生率、可再生能源的占总能源消耗的比例、生产性劳动力和实物资本的产出弹性、创新能力的弹性等。

进一步讨论各参数变动的影响，由表 2.2 知，参数ϕ与能源强度增长率呈正相关，式（2.44）表明能源可再生率对能源强度的效用总为正，提高可再生能源的可再生率不利于能源效率的提高，主要原因一方面与可再生能源本身的能源使用效率较低有关，另一方面可再生能源的开发成本较大，从而降低了能源使用效率，另外，提高普通生产工人弹性或资本弹性都将增强能源可再生率对能源强度的影响。式（2.42）表明参数η与能源强度增长率负相关，该参数代表知识存量的弹性，由此可知技术进步是降低能源强度并提升能源使用效率的有效手段。式（2.43）表明资本折旧率则对能源使用效率的提高没有影响。式（2.39）～式（2.41）分别表明了能源弹性、普通生产工人弹性和资本弹性对能源强度增长率的影响，若 $\phi-g>0$，即能源可再生率大于人口增长率时，则普通生产工人弹性对能源强度增长率总有正影响，此时增加创新工人弹性有利于能源使用效率增长率的提高；资本弹性对能源强度增长率影响为负，表明增加资本弹性同样可以提高能源使用效率的增长率。而能源弹性的能源增长率的影响则以$(\phi-g)(1-\xi+\gamma)=\eta$为临界点，当前者大于后者时，有利于能源使用效率增长率的提高，反之则不利。

表 2.2　能源强度增长率的比较静态分析

	ϕ	η	δ
$g^*_{E/Y}$	+	–	—

2.2.4　人力资本分析

由于人力资本由普通生产工人和从事 R&D 活动的技术工人组成，当经济平稳时，由式（2.27）可推出式（2.45）：

$$g^*_A=1-L^*_Y=1-\frac{\gamma}{\eta}\left[v^*-\frac{\phi\beta+(1-\xi)\delta+\eta+\gamma g}{\xi}\right] \tag{2.45}$$

由于平稳时有$g^*_Y=g^*_K$，将式（2.17）和式（2.22）代入（2.13），可推出式（2.46）：

$$g^*_Y=g^*_K=f^*-v^*-\delta=\frac{1}{1-\xi}(\eta+\phi\beta+\gamma g)-\frac{1}{\gamma}L^*_Y \tag{2.46}$$

由式（2.45）和式（2.46）知识技术进步率、经济增长率与人力资源配置状况之间的关系为式（2.47）和式（2.48）：

$$\frac{\mathrm{d}g_A^*}{\mathrm{d}L_Y^*}=-1<0 \tag{2.47}$$

$$\frac{\mathrm{d}g_Y^*}{\mathrm{d}L_Y^*}=-\frac{1}{\gamma}<0 \tag{2.48}$$

式（2.46）表明最优经济增长率与各投入生产要素的弹性及普通生产工人的比例有关，特别是提高普通生产工人的比例，必将会降低技术工人的比例，从而不利于产出增长率提高，而且考虑普通生产工人对技术创新增长率和总产出增长率的影响，如式（2.47）和式（2.48）所示，R&D 部门的增长率与普通生产工人所占比例负相关，生产部门人力资本比例的增加，会降低技术人员比例，从而不利于创新，并对产出增长率产生不利影响，其影响与生产部门人力资本的产出弹性成正比。

2.2.5　能源替代分析

考虑平稳增长条件下的能源替代问题。为此，设能源的市场单位销售价格为 P_E，总能源消耗量为 E，可再生能源和不可再生能源的单位生产价格分别为 P_{E_Z} 和 P_{E_X}，则能源部门的利润函数 $\prod$ 可写为式（2.49）：

$$\prod=P_E E-P_{E_X}E_X-P_{E_Z}E_Z \tag{2.49}$$

令 $E=(E_X^{-\alpha}+E_Z^{-\alpha})^{1/\alpha}$，式中 $\alpha>0$，则要满足能源的利润最大化条件，需对式（2.49）分别对 E_Z 和 E_X 求偏导数，其一阶条件可表示为式（2.50）和式（2.51）：

$$\frac{\partial\prod}{\mathrm{d}E_Z}=-P_E(E_X^{-\alpha}+E_Z^{-\alpha})^{1/\alpha-1}(E_Z^{-\alpha-1})-P_{E_Z}=0 \tag{2.50}$$

$$\frac{\partial\prod}{\mathrm{d}E_X}=-P_E(E_X^{-\alpha}+E_Z^{-\alpha})^{1/\alpha-1}(E_X^{-\alpha-1})-P_{E_X}=0 \tag{2.51}$$

由式（2.50）和式（2.51）可推出式（2.52）：

$$\frac{E_X}{E_Z}=\left(\frac{P_{E_Z}}{P_{E_X}}\right)^{\frac{1}{\alpha+1}}=p^{\frac{1}{\alpha+1}} \tag{2.52}$$

式中，p 为可再生能源和不可再生能源之间的相对生产价格，若 $p=1$，即 $P_Z=P_E$，此时两种能源的生产价格相等，不可再生能源与可再生能源的比例应为 1，即市场上可再生源数量与不可再生能源数量相等。若 $p>1$，可再生能源价格更高，由于市场上可再生能源的生产价格更高，其市场价格也相应会高于不可再生能源，此时，政府若忽视对可再生能源的投入，则会增加两种能源的市场价格比，并进一步压缩可再生能源的市场空间，从而带来煤、石油、天然气等化石能源的大量使用，也必将带来温室气体排放的激增。反之，政府若采取措施，加大对可再生能源的投入，并对可再生能源进行价格补助，将有助于提高可再生能源在能源系统中所占比例，进而减少碳排放。

2.3　碳排放计算模型

由式（2.20）可得出稳状态下的区域能源增长率为

$$g_E^* = g_R^* = -v^* + \frac{\eta}{\xi} + \frac{\phi(\beta+\xi)+(1-\xi)\delta+\gamma g}{\xi} \tag{2.53}$$

则 t 年能源的需求量可写为

$$E(t) = (1+g_E^*)E(t-1) \tag{2.54}$$

设能源系统由 i 种能源构成，每种能源的碳排放系数为 e_i，则区域碳排放量为

$$E = \sum^{i} e_i * E_i \tag{2.55}$$

由式（2.55）所计算的碳排放量将用于第 3 章中分析。

2.4　本 章 小 结

化石能源是一种重要的生产要素，其大量使用是经济快速增长的重要条件，另外，化石能源的大量燃烧也是大气中新增 CO_2 等温室气体的主要来源。两者构成了本书的一个重要主题，即如何在经济增长与温室气体排放之间作出选择？本章由此构建了一个考虑技术进步和能源约束的经济增长模型，在模型中，将能源作为生产要素引入经济增长模型，通过最优均衡分析，给出了平稳经济增长路径下各变量与经济增长的关系，并刻画了技术进步、能源使用等要素对经济增长的影响，研究结论表明：

（1）未来几十年，中国将持续面临经济增长和温室气体减排的双重压力，而将能源作为生产要素引入增长理论，分析不同要素对经济增长的影响，对中国经济增长的稳定性以及节能减排政策制定是非常必要的。相比于前人的模型，本模型取消了 Dixit and Stiglitz 等关于人口不增长，且将可再生能源和不可再生能源直接引入 C-D 生产函数的不合理假设（Dixit and Stiglitz,1977; 尤卓雅,2011），因而更有说服力。

（2）稳定是区域经济增长的前提，考虑能源约束，如何选择一条最优经济增长路径，是一个动态最优化问题。在本书所构建的区域最优平稳增长模型中，能源可再生率的提高有助于经济的长期增长，而且能源弹性或者资本弹性越大，可再生能源的对经济增长的正效应越大。对能源使用效率而言，增加知识存量、提高 R&D 技术工人所占比例或者增加资本弹性是提高能源使用效率的可行手段。提高能源可再生率需较高的成本，如果政府不采取相关措施，则会鼓励社会对传统化石能源的消费，从而不利于提高能源使用效率。

（3）对一个产业结构相对稳定区域经济体（如中国）而言，减排必然会减缓经济发展速度，但通过引进先进节能减排技术，以最小的损失进行低碳变革，以技术手段扭转我国“高投入、高排放、低效率”的经济增长方式是可能的。通过本书构建模型可知，技术水平的提高有利于产出增长率的提升和能源效率的提高，考虑到化石能源的不可再

生性，引入技术进步，提高社会创新能力，有利于区域在平稳经济增长轨道上减排。

（4）在平稳增长路径上，不同的知识水平、能源产出价格对经济增长率和能源效率有不同影响。产出增长率与技术工人所占比例正相关，与知识水平的产出弹性正相关，普通生产工人所占比例与创新技术增长率负相关，相关系数为–1，与产出增长率正相关，相关系数取决于产业工人的产出弹性。当可再生能源与不可再生能源的生产价格相等时，两种能源市场份额相等，但若要减排，则政府应加大对可再生能源的扶持。从减排角度看，不可再生能源主要指化石能源，是 CO_2 等温室气体的重要来源之一，可再生能源代表清洁能源，因此，为达到同样的经济增长效果，在政策上，一方面可依托新技术，提高可再生能源的比例，另一方面，政策上加大对清洁能源产业的扶持，降低清洁能源的生产价格，均对减少 CO_2 等温室气体的排放、促进经济发展具有积极意义。

第 3 章　最优增长与能源结构演化

区域能源与碳排放管理，不仅要关注能源的可持续利用和能源强度的提高，而且同样要关心能源结构的调整问题，特别是怎样控制能源结构降低碳排放的问题。本章针对这个内容展开研究。

目前，学者们对这个问题的处理一般有两种方法，一种是以投入产出模型为基础的（龚轶, 等,2013），通过调整产业的技术参数来寻求减排路线，类似的还有 Gan 和 Li（2008）和 Bretschger 等（2011），这是一种自下而上的方法；另一种方法是自上而下的，比较著名的有 LEAP 模型（Shabbir and Ahmad,2010）、MARKAL 模型（Naughten,2003）、MESSAGE 模型（Hainoun et al.,2010）等，本章试图同时从自上而下和自下而上两个角度思考，将两种模型统一起来，并建立联系，构建一种综合评估模型，用以刻画区域最优经济增长路径下的能源结构演化过程，实现政策控制。

3.1　混 合 模 型

本章所采用的混合模型是指将第 2 章的最优化模型与改进 WITCH（world induced technical change hybrid model）模型结合，这是石莹等（2015）发展起来的，其结构如图 3.1 所示。混合模型包括能源需求和能源供给部分，前者采用自上而下的建模方法，能反映能源经济系统的宏观整体性，后者采用自下而上建模方法，能反映能源经济系统的局部细节性。

3.1.1　能源消费模块

能源消费量来自于第 2 章的最优化模型，采用自上而下建模，以经济平稳增长为前提，依据式（2.29），获取均衡状态下的经济黄金增长率如式（3.1）所示：

$$g_Y^* = \frac{\eta + \phi\beta - \rho(1-\xi) + \gamma g}{\theta(1-\xi)} \tag{3.1}$$

由式（2.20），能源的最优增长率如式（3.2）所示：

$$g_E^* = g_R^* = -v^* + \frac{\eta}{\xi} + \frac{\phi(\beta+\xi) + (1-\xi)\delta + \gamma g}{\xi} \tag{3.2}$$

3.1.2　能源供给模块

能源供给模块采用改进的 WITCH 模型获取，WITCH 模型是一种基于新古典最优增长的拉姆齐模型，是将气候变化引入社会经济中的主要建模工具之一。该模型通过选择控制变量的最优路径实现福利最大化，是一种完全动态的模型，因而决策者在每次决策过程中需同时考虑经济和环境的外部效果，通过与上一章的最优化模型结合，可实现投资决策者的投资策略最优，因而能在保证能源供需平衡时，得到最小成本下的能源结构演化趋势和不同减排情景下的最优能源结构。由于该模型是一个多区域模型，它将世界各国划分为 12 个研究区域，而区域决策仅研究单一区域（如中国）的能源结构演化[①]，因此需对模型进行改进，本书引入 WITCH 模型的核心部分，即两层能源结构模型（图 3.1）。

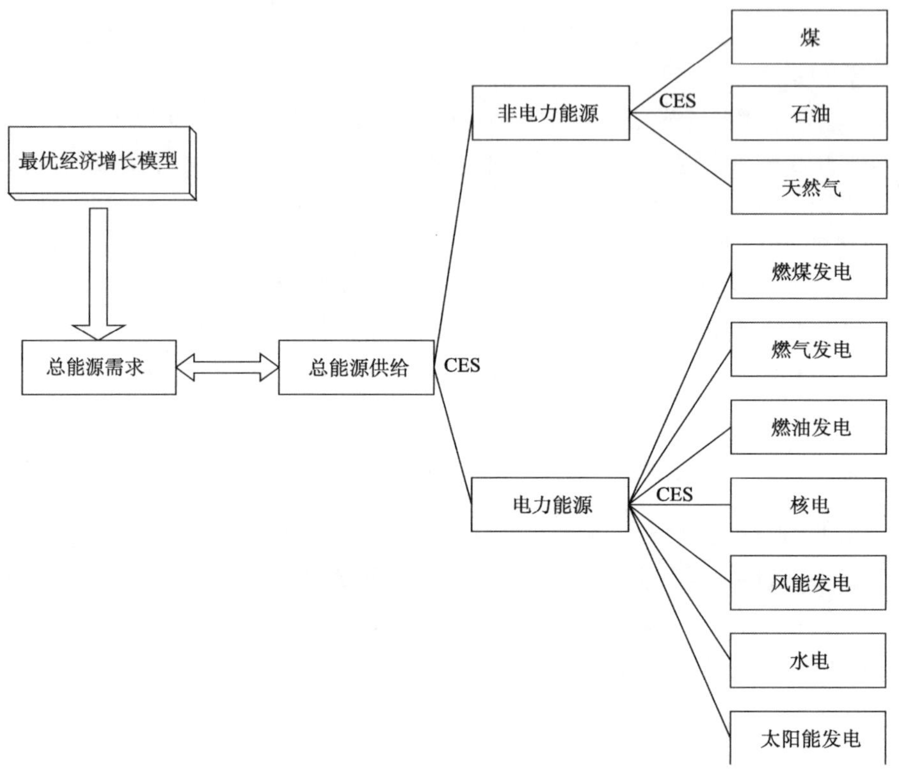

图 3.1 混合模型结构图

在能源结构中，第一层能源划分为非电力能源和电力能源，两者以 CES 函数复合为总能源投入；第二层能源中，非电力能源由煤炭、石油、天然气等化石能源组成，三者以 CES 形式复合，电力能源由燃煤发电、燃气发电、燃油发电、核电、风能发电、水电和太阳能发电组成，7 种能源同样以 CES 函数复合为电力能源，基于此，能源供给模型的主要结构如下：

1）能源组成

总能源产出遵循 CES 生产函数，由电力能源和非电力能源构成，即

$$E_{\mathrm{EN}}(t)=A_{\mathrm{EN}}\left[\lambda_{\mathrm{EL}}E_{\mathrm{EL}}^{\rho_{\mathrm{EN}}}(t)+\lambda_{\mathrm{NEL}}E_{\mathrm{NEL}}^{\rho_{\mathrm{EN}}}(t)\right]^{\frac{1}{\rho_{\mathrm{EN}}}} \tag{3.3}$$

① 由于本章研究要结合具体区域计算，本章区域以中国为背景。

式中，$E_{EN}(t)$ 为 t 年的能源总产出；E_{EL}, E_{NEL} 分别为电力能源和非电力能源的产出；A_{EN} 为总能源产出的规模系数；ρ_{EN} 为非电力能源与电力能源的替代弹性系数，替代弹性满足式 $\frac{1}{1-\rho_{EN}}$；$\lambda_{EL}, \lambda_{NEL}$ 分别为电力能源和非电力能源的份额参数，假定两者存在关系 $\lambda_{EL}+\lambda_{NEL}=1$。

电力能源生产主要考虑燃煤发电、燃气发电、燃油发电、核电、风能发电、水电和太阳能发电共 7 种来源，前三种均采用化石能源发电，属于不可再生能源，后四种属于可再生能源，7 种电力来源的 CES 函数复合形式为

$$E_{EL}(t)=A_{EL}\left[\sum_{j=1}^{7}\lambda_{EL_j}E_{EL_j}^{\rho_{EL}}(t)\right]^{\frac{1}{\rho_{EL}}} \tag{3.4}$$

式中，A_{EL} 为电力能源产出的规模系数；λ_{EL_j} 为第 j 种电力能源的份额，j 分别为燃煤发电、燃气发电、燃油发电、核电、风能发电、水电和太阳能发电，假定规模报酬不变，7 种能源满足关系 $\sum_{j=1}^{7}\lambda_{ELj}=1$。

非电力能源是 CO_2 等温室气体的重要来源之一，忽略该能源可能严重影响对温室气体控制的预估（Bosetti et al.,2007），考虑我国现状，可再生能源和核能等新型清洁能源利用的技术和成本难题在短期内无法轻易跨越，因此，化石能源仍将在未来一段时间内成为能源主体，因此本书考虑的非电力能源主要由化石能源组成，而不考虑其他非化石能源。各种能源的复合形式为

$$E_{NEL}(t)=A_{NEL}\left[\sum_{f=1}^{3}\lambda_{NEL_f}E_{NEL_f}^{\rho_{NEL}}(t)\right]^{\frac{1}{\rho_{NEL}}} \tag{3.5}$$

式中，A_{NEL} 为非电力能源产出的规模系数；λ_{NEL_f} 为第 f 种非电力能源的份额；f 分别为煤、石油、天然气三种能源，三种能源满足关系 $\sum_{f=1}^{3}\lambda_{NEL_f}=1$。

2）化石能源演化

化石能源为不可再生能源，具有稀缺性，中国人均能源拥有量远低于世界平均水平，人均煤炭资源为世界平均水平的 42.5%，人均石油资源为世界平均水平的 17.1%，人均天然气资源为世界平均水平的 13.2%。因此在完全竞争市场条件假设下，随着化石能源的逐年消耗，其稀缺性也将越来越突出，使用成本会不断上升，从而可设定化石能源的演化规律见式（3.6）：

$$P_f(t)=\chi_f(t)+\pi_f\left[\frac{Q_f(t-1)}{\bar{Q}_f(t)}\right]^{\psi_f} \tag{3.6}$$

式中，$P_f(t)$ 为第 t 年 f 种化石燃料价格；$\chi_f(t)$ 为第 t 年 f 种化石燃料的边际开采成本；

π_f, ψ_f 分别为弹性系数；Q_f 为累积开采量；$\bar{Q}_f$ 为剩余储量。

累积开采量 Q_f 的动态方程为

$$Q_f(t-1) = Q_f(0) + \sum_{0}^{t-1} X_f(t) \tag{3.7}$$

式中，$X_f(t)$ 为第 t 年 f 种化石燃料的消费量。

剩余储量 $\bar{Q}_f$ 的动态方程为

$$\bar{Q}_f(t+1) = (1+\zeta)\bar{Q}_f(t) - Q_f(t) \tag{3.8}$$

式中，ζ 为剩余化石燃料储量的变动率；$\zeta > 0$ 为化石能源开采量增加率，为外生变量。

3）电力能源演化

对每一时期 t 内，每种发电技术 j 而言，电力能源的产出主要由三方面的因素决定：①装机容量 $\mathrm{KE}_j(t)$；②运行和维护成本 $(O\&M)_j(t)$，即新电站从建设到投入使用，前期需要投入大量资金进行工程建设和购买设备，另外，在政府日益严格的环保制度约束下，发电厂商被迫购入昂贵的污染处理设备，这些资本将被平均分摊到电站的整个生命周期，一并计入电站的运行维护成本；③燃料投入 $X_j(t)$，一般而言，天然气和石油的燃料投入成本最大，其次为燃煤电站。由于这三种要素无法替代，因此采用里昂惕夫（Leontif）生产函数形式复合为

$$E_{\mathrm{EL}_j}(t) = \min\left\{\mu_j K_j(t); \tau_j (O\&M)_j(t); \xi_j X_j(t)\right\} \tag{3.9}$$

式中，μ_j 为将装机容量（TW）转化为电力能源（TW · h）的转化效率；τ_j 用于区分不同发电技术的运行和维护成本，如核能的运行维护成本相比于天然气等其他能源运行维护成本高；ξ_j 为燃料转化为电能的效率，即生产每千瓦时电能所需要的化石燃料量，由于水力发电、太阳能发电和风能发电不需要燃料投入。因此，这三种能源的复合不考虑燃料投入，仅采用两因素的里昂惕夫函数形式。

4）装机容量演化

不同能源投入类型，采用不同的发电机组，其投资成本也不一样，当期的装机容量不仅与上期的装机容量有关，也与当期的装机资本投入和装机技术成本有关，三者关系如式（3.10）所示：

$$\mathrm{KE}_j(t+1) = \mathrm{KE}_j(t) \cdot (1-\delta_j) + \frac{I_j(t)}{\mathrm{SC}_j(t)} \tag{3.10}$$

式中，δ_j 为装机容量的折旧率；I_j 为装机投资；SC_j 为装机成本，通过学习曲线将技术内生化引入装机成本中，可得式（3.11）：

$$\mathrm{SC}_j(t) = B_j \cdot \mathrm{KE}_j(t)^{\log_2 \mathrm{PR}_j} \tag{3.11}$$

式中，B_j 为规模系数；PR_j 为技术进步率，用于鉴定技术学习和技术进步的变化率，衡量当累积装机容量翻倍时装机成本的下降幅度。

5）模型结构

能源供给模块的主要是自下而上获取经济发展所需要的能源供给量，同时该供给量还必须满足目标设定和一些约束条件，整个模型可描述为一个非线性规划问题，即

$$
\begin{aligned}
&\text{obj}\\
&\min C=\int_{t_1}^{t_2} C_{\text{tot}}(t)\mathrm{e}^{-rt}\mathrm{d}t\\
&\text{s.t.}\\
&\begin{cases} E_{\text{EN}}(t)\geqslant \bar{E}_{\text{EN}}(t)\\ \sum_{f,t}\kappa_f X_{f,t}\leqslant \bar{E}_m \end{cases}
\end{aligned}
\tag{3.12}
$$

式中，规划目标为成本最小化，约束条件有两个，一个是能源总供给不小于能源总需求，另一个是能源碳排放量不大于总碳排放。E_{EN} 为能源总供给量，$\bar{E}_{\text{EN}}$ 为能源总需求量，κ_f 为能源碳排放系数，即单位化石燃料所产生的排放量，$\sum_{f,t}\kappa_f X_{f,t}$ 为从基年到目标年各能源的总碳排放量之和。C_{tot} 为能源总成本，由三部分组成，一是化石能源的投入成本，

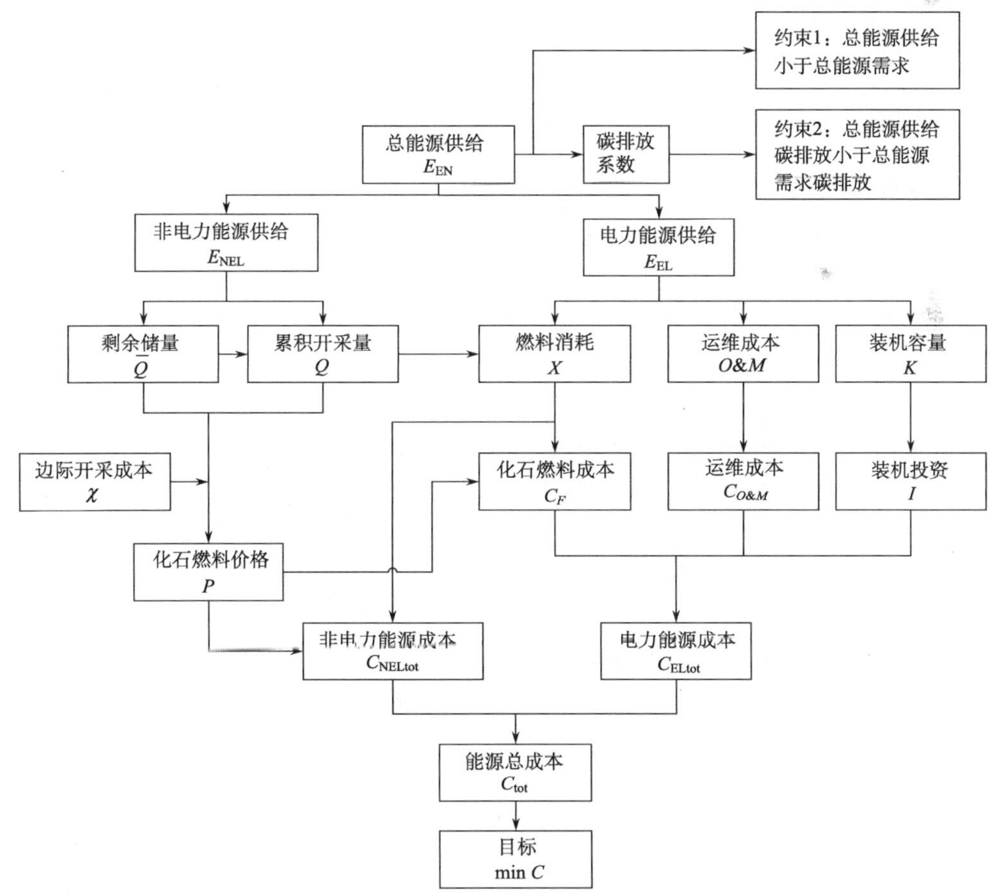

图 3.2 能源结构演化数据关系图

二是发电机组的运行维护成本，三是装机投资成本，三者满足关系式（3.13）：

$$C_{\text{tot}} = \sum_{f} (P_{f,t} X_{f,t}) + \sum_{j} (C_{EL\text{tot}_{j,t}}) \tag{3.13}$$

模型数据关系如图 3.2 所示。

3.2　数据来源及参数估计

3.2.1　数据来源

本书所采用的煤、石油、天然气等能源消费量、人力资本、可再生能源及不可再生能源、资本存量等数据来源于《中国能源统计年鉴》、《中国统计年鉴》、GTAP 数据库，以及 EIA 官网，电力能源数据来源于电力统计年报，以及 IEA、NEA 等数据。数据的主要处理方法为：①国内生产总值按 2000 年的可比价换算；②主要能源单位均经过统一换算，且不考虑能源消耗的地区差异，不可再生能源中，煤、石油、天然气的碳排放系数由 IEA2005 中 1980～2005 年各能源品种的消费量及其对应的碳排放数据拟合得出；③资本存量采用永久库存法对中国每年实际资本存量进行估计；④其他外生参数，如 R&D 部门工人数量（Turnovsky,2000）、可再生能源的可再生率、资本折旧率（秦朵和宋海岩，2003）等参数采用国内外学者研究的经验数据。

3.2.2　参数估计

所有参数均采用多元线性回归模型估计。

1）总产出与总能源需求模块参数估计

在混合模型中，能源需求采用自上而下建模，需求量来自于第 2 章的经济增长理论，由式（2.1）可得式（3.14）：

$$Y = n^{\eta} K^{\xi} (L \cdot L_Y)^{\gamma} \cdot E^{\beta} \tag{3.14}$$

对式（3.14）进行线性化处理，可得式（3.15）：

$$\ln Y = C + \eta \ln n + \xi \ln K + \gamma \ln(L \cdot L_Y) + \beta \ln E + \mu \tag{3.15}$$

式中，C 为常数项；μ 为误差项，对该式进行多元线性回归，并通过显著性检验，即可获取各参数的估计值。

2）能源供给模块参数估计

能源供给采用自下而上建模方法，各能源成分采用 CES 生产函数形式复合，假设 CES 函数形式为式（3.16）：

$$E_{\text{EN}} = A_{\text{EN}} (\lambda_{\text{EL}} E_{\text{EL}}^{\rho_{\text{EN}}} + \lambda_{\text{NEL}} E_{\text{NEL}}^{\rho_{\text{EN}}})^{\frac{1}{\rho_{\text{EN}}}} \tag{3.16}$$

对式（3.16）两边取对数，有式（3.17）：

$$\ln E_{\text{EN}} = \ln A_{\text{EN}} + \frac{1}{\rho_{\text{EN}}} \ln(\lambda_{\text{EL}} E_{\text{EL}}^{\rho_{\text{EN}}} + \lambda_{\text{NEL}} E_{\text{NEL}}^{\rho_{\text{EN}}}) + \varepsilon \tag{3.17}$$

将式（3.17）中的 $\ln(\lambda_{EL}E_{EL}^{\rho_{EN}}+\lambda_{NEL}E_{NEL}^{\rho_{EN}})$ 线性化，在 $\rho_{EN}=0$ 处泰勒展开，取 0 阶、1 阶和 2 阶项，代入式（3.17），可得线性模型（李子奈,2010）如式（3.18）所示：

$$\ln E_{EN}=\ln A_{EN}+\lambda_{EL}\ln E_{EL}+\lambda_{NEL}\ln E_{NEL}-\frac{1}{2}\rho_{EN}\lambda_{EL}\lambda_{NEL}\left(\ln\left(\frac{E_{EL}}{E_{NEL}}\right)\right)^2+\varepsilon \quad (3.18)$$

利用关系 $\lambda_{EL}+\lambda_{NEL}=1$，完成参数估计。

3）参数估计结果

由于参数数量较多，且考虑到本书最终目的是建立综合评估模型，构建一个区域能源碳排放政策模拟系统，其基础是数据库，内生参数通过模型估算，且动态存储于数据库内。此外，为适应系统的多情景模拟，除根据以上估计方法将参数设定为默认值外，还需要将参数外生设定为手动输入模式（见第 6 章）。本书通过编写代码统一实现参数估计，部分参数估计值在附录给出。

3.3　能源演化及模型结果分析

3.3.1　中国历史能源消耗与碳排放

中国的区域增长伴随着碳排放量的增加。与发达国家和新兴市场国家不同，中国经济和能源增长核心动力来源于第二产业，据统计，1978～2006 年，中国第二产业的平均增长速度为 11.63%，高于 GDP 增长速度 1.83 个百分点，且高于世界第二产业增长速度 6.1 个百分点，尽管 20 世纪 90 年代以来，第二产业增长速度有所下降，但自 2004 年起，第二产业增长速度又有逐步增加趋势（图 3.3）。改革开放 30 多年来，中国经济取得了飞速发展，经济年均增长率达到 9.8%，对世界经济增长的贡献率也超过了 20%，到 2010 年，中国经济总量超过日本，跃居为世界第二。与此同时，能源消费量也呈急剧上升趋势，1978 年，中国能源消费总量仅为 5.7 亿 t 标准煤，到 2011 年，中国能源消费总量达

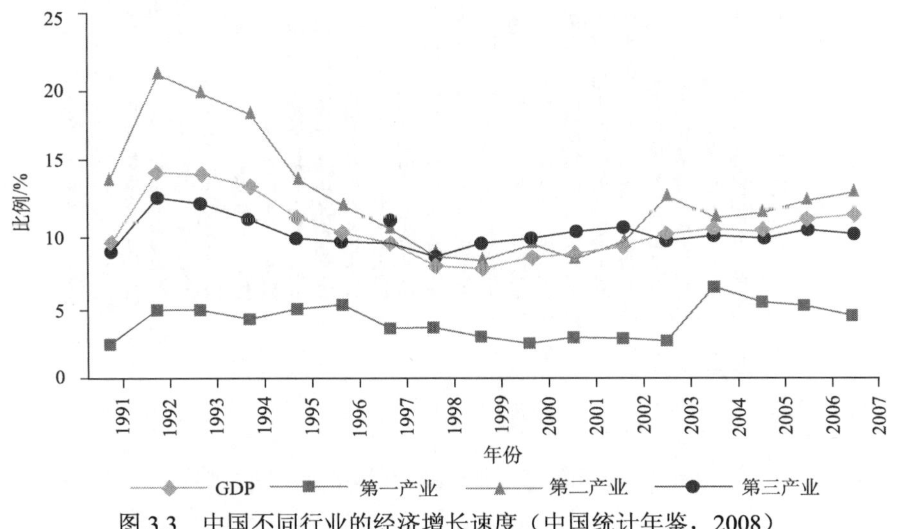

图 3.3　中国不同行业的经济增长速度（中国统计年鉴，2008）

到 34.8 亿 t 标准煤，增长了 6 倍，年平均增长率为 7.5%（图 3.4）。总体上，区域能源与碳排放总是同步增长，但增长速度存在差异，为了应对气候变化，中国政府在能源结构调整上做了大量工作，从而使碳排放增长速度慢于能源增长速度，实践证明，这种工作是卓有成效的，而且研究能源结构调整战略分析的可计算模型也是必需的。

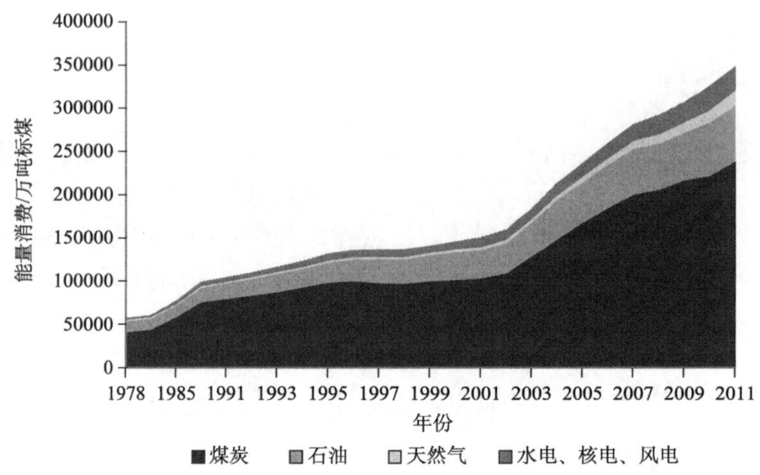

图 3.4　中国历史能源消费总量（中国统计年鉴，2012）

在区域经济的产业结构中，第二产业主要是耗能性产业。一方面，中国的能源投入以化石能源为主，如图 3.5 所示，煤、石油、天然气三种能源所占比例一直保持在 90% 以上，其中又以煤炭所占比例最大，常年保持在 70%以上。这是中国碳排放水平不断上升的主要原因之一（图 3.6）。1995 年，中国碳排放量为 789.14MTC，到 2009 年，这一数值上升为 2072MTC，增长了 2.63 倍，年均增长率为 7.1%，与能源消耗增长率近似。另外，中国石油比例在 20%左右，煤炭和石油消耗总计共占能源消耗的 90%左右，成为

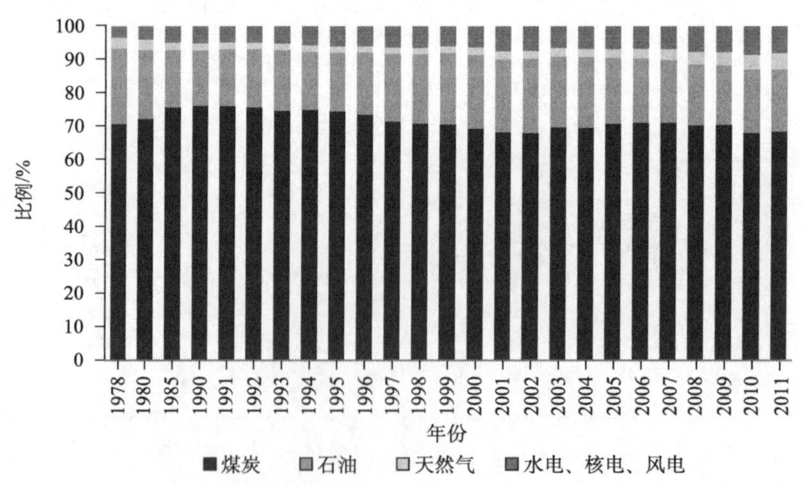

图 3.5　中国历史能源消费比例（中国统计年鉴，2012）

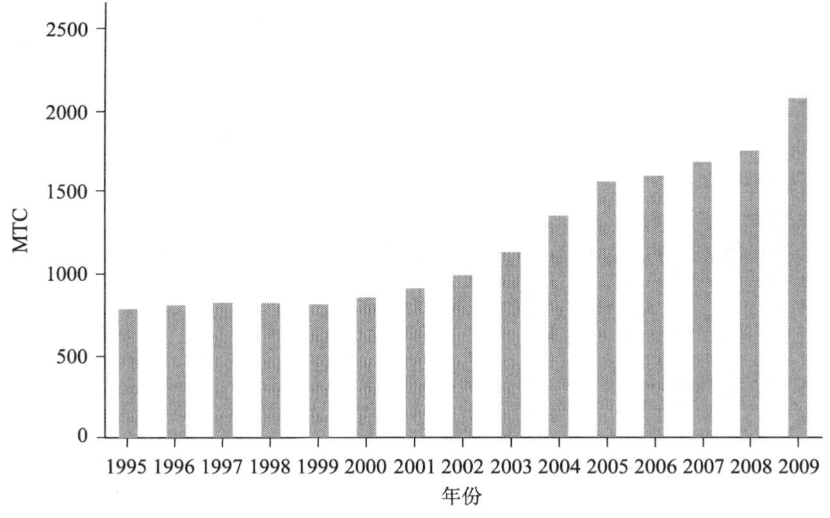

图 3.6　中国历史碳排放量

中国的主要能源。大量化石能源使用为中国经济高速增长带来了不确定性和隐患，如以燃煤为主的化石能源排放了大气中 71%CO_2、87%SO_2、67%NO 和 60%烟尘，已成为阻碍中国可持续发展的重大威胁。

另一方面，中国仍具有较大的减排潜力，一是通过技术更新可缩小与发达国家的差距，从而有效降低单位 GDP 能耗，如中国大量重点行业工艺较发达国家落后，中国多部门产品的耗能指标均高于世界先进水平，如果能改进工艺，中国将可获得较大的减排空间；二是中国发展循环经济还有较大的空间，通过资源的“减量化、再利用、资源化”，可提高资源的循环利用，实现对资源的低开采、高利用和低排放；三是政府始终把淘汰落后产能作为节能减排的重要手段，如 2006～2009 年，全国共计关停小火电机组 6000 多万千瓦，淘汰落后炼钢产能 6083 万 t、炼铁产能 8172 万 t、水泥 2.14 亿 t，节约了约 1.1 亿 t 标准煤；四是中国在低碳、可再生能源领域不断取得进步，煤炭在能源结构中所占比例逐步减小，石油、天然气、水电、核电、风电所占比例逐步上升，从而为中国扩大减排空间提供了持续动力。

3.3.2　无减排约束情景分析

由中国能源演化的历史规模和减排潜力分析可知，中国实施减排具备了可能性和可行性，依据 3.1 节所提供的模型，本节模拟两种情景，即不减排情景下和减排情景下的中国能源结构演化。

首先由第 2 章的最优增长模型所给定的稳态下最优经济增长率以及最优能源增长率，按本章所给定的参数估计方法，计算中国未来碳放量增长趋势，如图 3.7 所示，在经济最优增长轨道下，中国碳排放量呈先增后降的倒 U 形曲线，碳高峰出现在 2032 年，其峰值为 3990.48MTC，相当于 2010 年 1990.40MTC 的 2 倍，表明碳高峰来临之前，碳排放量将以年均 3.21%的增长率上升，随后开始以年均 2.4%的速率下降。该结果与朱永彬（2011）计算相比，碳高峰提前了 3 年，对应的碳排放峰值少了 765MTC。若无碳排放约束，中国碳排放量将远高于国际谈判中所获取的碳配额，在此情景下，2010~2050 年中国累积碳排放量为 139262.64MTC，而中国可能从国际谈判中可获得的累积碳配额估计约为 75870MTC（刘晓,2012），两者差距为 63392MTC，意味着中国在 2010~2050 年必须在这里估计的路径上实现 45.5%的减排。

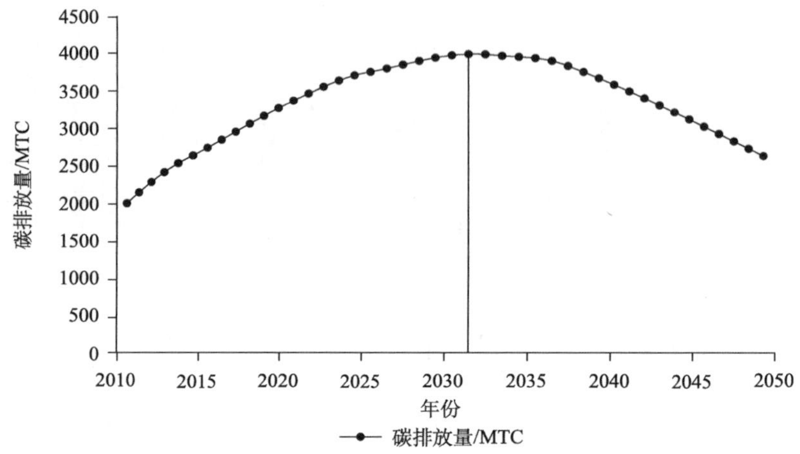

图 3.7　无碳排放约束下，最优经济增长条件下的碳排放演变趋势

进一步细分能源结构，采用式（3.4）和式（3.5），计算出中国非电力化石能源和电力化石能源的演化趋势，如图 3.8 所示：①煤炭在中国能源结构中占主要地位，其所占比例在多数年份均在 90%以上，石油次之，天然气最低，这是由我国的资源禀赋条件决定的；②3 种化石能源中，非电力能源的使用量均大于电力能源使用量，煤炭在非电力能源中所占比例逐年提升，石油和天然气所占比例逐年下降，其中非电煤炭所占比例由 2010 年高于电力煤炭 8.51 个百分点上升为 2050 年高于电力煤炭 9.19 个百分点，非电石油所占比例由 2010 年高于电力石油 9.33 个百分点下降为 2050 年高于电力石油 3.63 个百分点，非电天然气所占比例由 2010 年高于电力天然气 3 个百分点下降为 2050 年高于电力天然气 0.25 个百分点；③3 种非电化石能源和电力化石能源演化趋势均呈倒 U 形，电力能源中，煤炭的高峰来得最早，为 2032 年，峰值为 1669Mtoe，石油和天然气高峰来

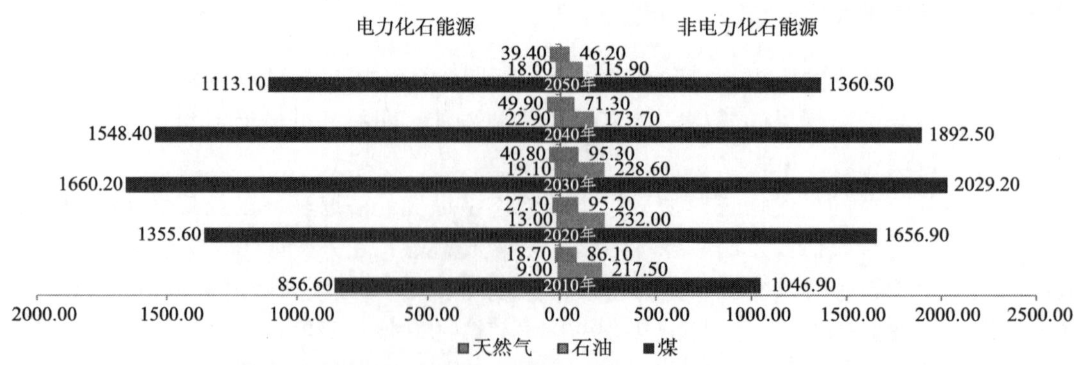

图 3.8　无碳排放约束下的中国化石能源结构

得晚，在 2040~2050 年；非电力能源中，石油和天然气高峰来得最早，为 2025 年，其峰值分别为 240Mtoe 和 99Mtoe，煤炭高峰来得稍晚，为 2032 年，其峰值为 2040Mtoe。

进一步细分电力能源结构，从 2010~2050 年，总发电量呈缓慢增长趋势，从 36007.21 亿 kW · h 上升为 85304.74 亿 kW · h，年均增长率约为 2.18%。由于本书模型设定电力主要来自于 7 种能源，考察这 7 种能源的演化规律有，如图 3.9 和图 3.10 所示，可知：①煤电、油电和气电发电量均呈先升后降趋势，其他低碳和可再生能源发电量一直呈上升趋势，煤电在 2032 年达到峰值，其值为 61724.01 亿 kW · h，油电和气电均在 2040 年达到峰值，分别为 711.70 亿 kW · h 和 2735.40 亿 kW · h；②从各种能源发电量所占比例看，煤电仍占主要地位，但其比例自 2020 年后逐渐下降，到 2050 年其比例首次下降到 50%以下，为 48.26%，水电比例会逐渐上升，到 2050 年上升为 35.33%，此外，核电、风电所占比例也会有一定上升，太阳能发电所占比例有微弱上升，气电和油电所占比例呈先升后降趋势。

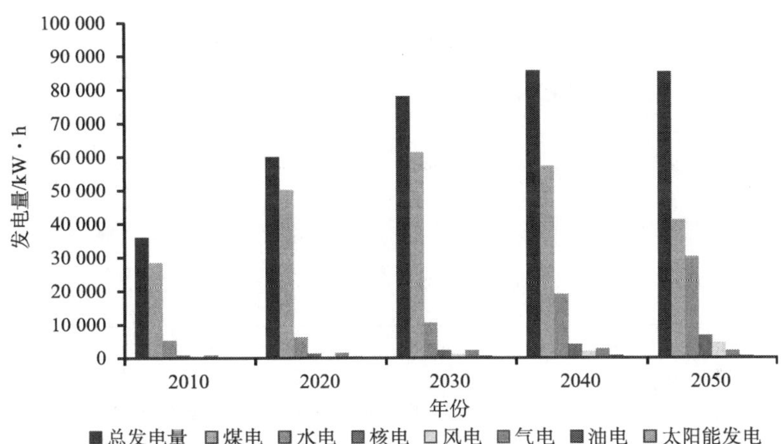

图 3.9　无约束情景下中国电力能源演化趋势

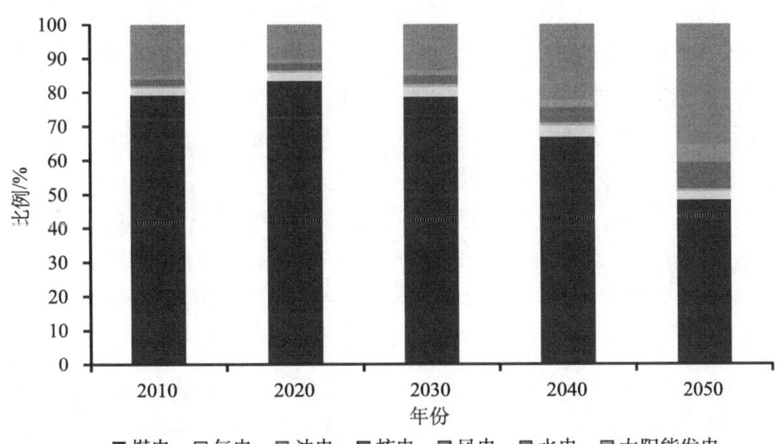

图 3.10　无约束情景下中国电力能源份额演化趋势

3.3.3　有碳排放约束情景

若按现有产业结构和技术水平，在最优经济增长条件下，不考虑减排约束，中国将面临巨大的国际减排压力，因此，减排将成为未来经济发展的必然趋势，参考其他国家的减排方案（李忠发,2010），本书提出两种减排情景，分别为累积碳排放总量减少 10%情景和总量减少 20%情景。从图 3.11 可以看出，碳排放总量减少 10%和 20%后，碳高峰出现在 2031 年，比无约束时仅提前 1 年，减排控制总量并不能有效提前碳高峰，因为碳高峰主要由能源需求高峰决定。但总量控制可以有效减少相应年份的碳排放量，当总量减少 10%时，碳高峰峰值较无约束时少 117.76MTC，总量减少 20%时，碳高峰峰值较无约束时少 563.88MTC。到 2050 年，碳排放分别减少 10%和 20%时，碳排放量较无约束时情景分别减少 3.1%和 16.32%。

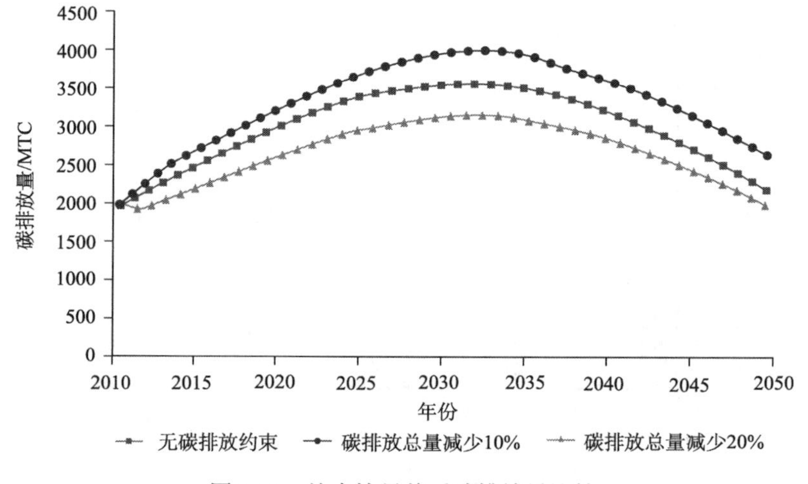

图 3.11　约束情景前后碳排放量比较

对能源结构细分，2010～2050 年，在 10%和 20%约束情景下，非电力化石能源和电力化石能源的演化规律为如图 3.12 和图 3.13 所示：①2 种情景下，非电力化石能源使用总量均大于电力化石能源使用量，3 种能源的使用量关系均为：煤>石油>天然气；②3 种能源的倒 U 形演化趋势没有改变，但非电能源使用高峰提前 2 年发生；③从无约束到约束情景，非电能源和电力能源中的煤炭变化幅度最大，到 2050 年，10%约束情景下的非电煤炭减少了 315.4Mtoe，电力煤炭减少了 258.02Mtoe，两者均相对于不减排情景减少了 23.18%。20%约束情景下的非电煤炭减少了 607Mtoe，电力煤炭减少了 496Mtoe，两者均减少了 44.64%，这种减少规律与我国煤炭为主的能源结构有关；④从无约束到约束情景，能源使用量上升的只有非电能源中的天然气和石油 2 种能源，10%情景下 2050 年非电力天然气和非电力石油分别较无约束情景上升 90.50Mtoe 和 211.30Mtoe，分别上升 1.96 倍和 1.82 倍；20%情景下 2050 年非电力天然气和非电力石油分别较无约束情景上升 166.65Mtoe 和 404.6Mtoe，分别上升了 3.61 倍和 3.49 倍。

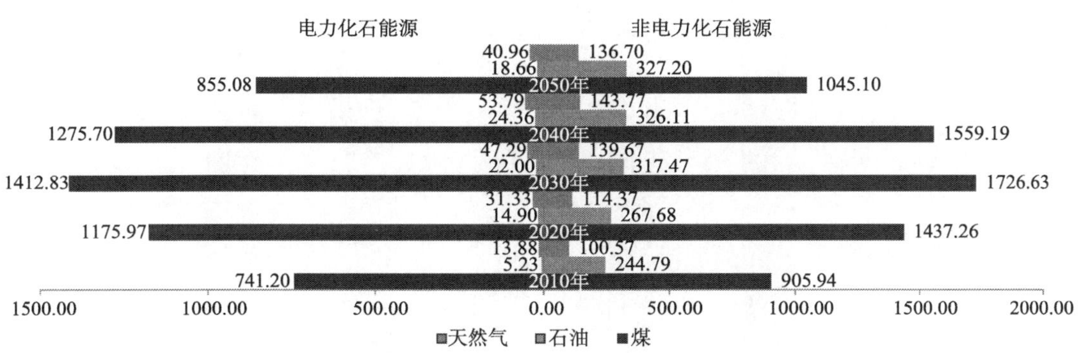

图 3.12　10%约束情景下电力和非电力化石能源演化（Mtoe）

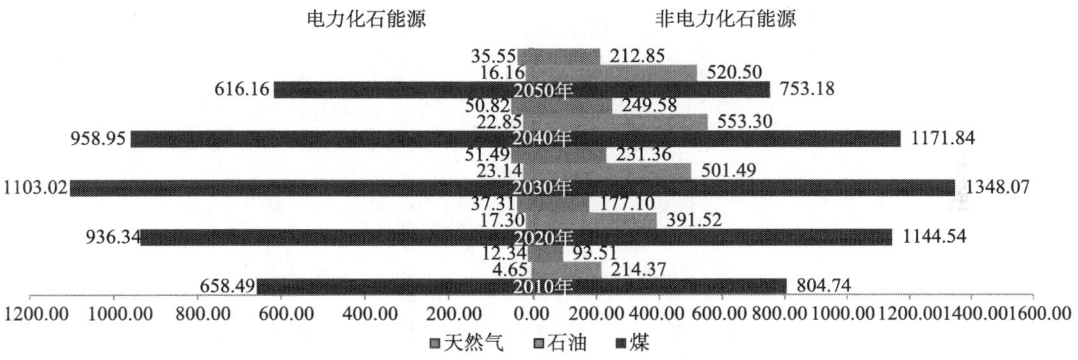

图 3.13　20%约束约束情景下电力和非电力化石能源演化（Mtoe）

对电力能源结构进行细分，如图 3.14～图 3.17 所示，可知 2010～2050 年：①10%约束情景下，7 种能源的总发电量由 36007.21 亿 kW・h 上升为 83824.87 亿 kW・h，上升了 47817.65 亿 kW・h，平均每年上升率为 2.14%，20%约束情景下，7 种能源发电量由 36007kW・h 上升为 83834.81 亿 kW・h，上升了 47827.59 亿 kW・h，年均增长率为 2.14%；②两种情景下，7 种电力能源比较，煤电所占比例逐年下降，气电和油电比例遵

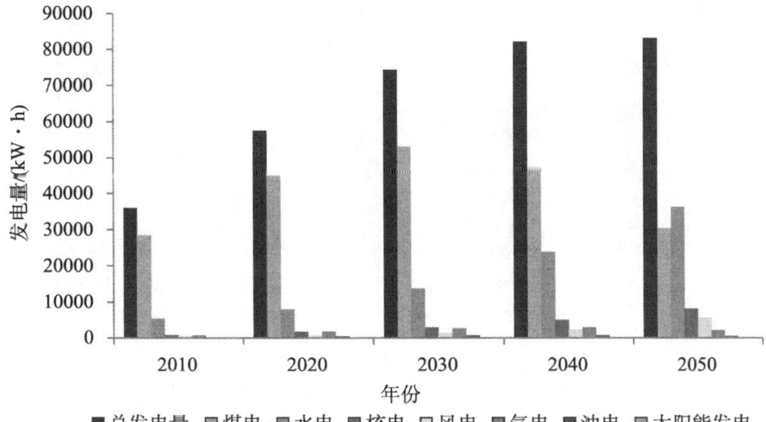

图 3.14　10%约束情景下中国电力能源演化趋势

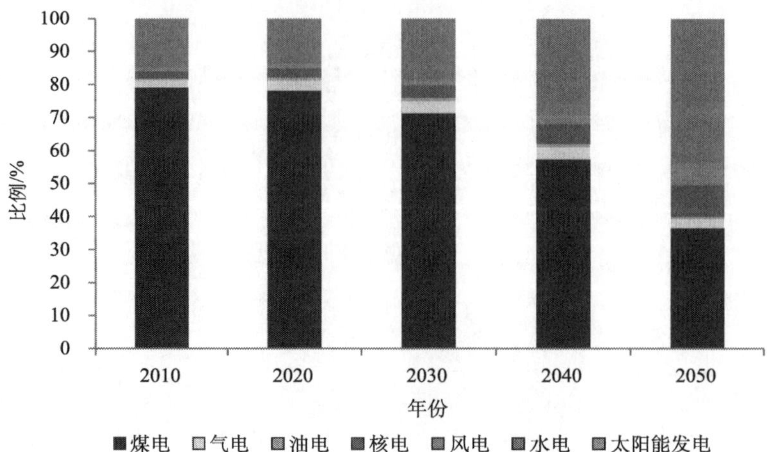

图 3.15　10%约束情景下中国电力能源份额演化趋势

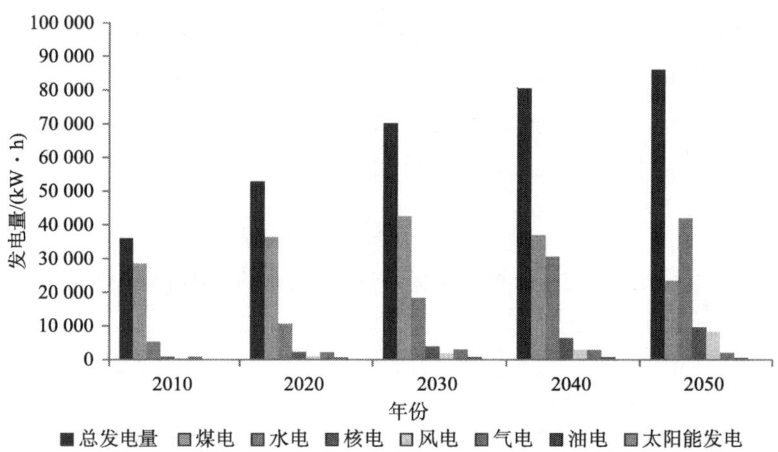

图 3.16　20%约束情景下中国电力能源演化趋势

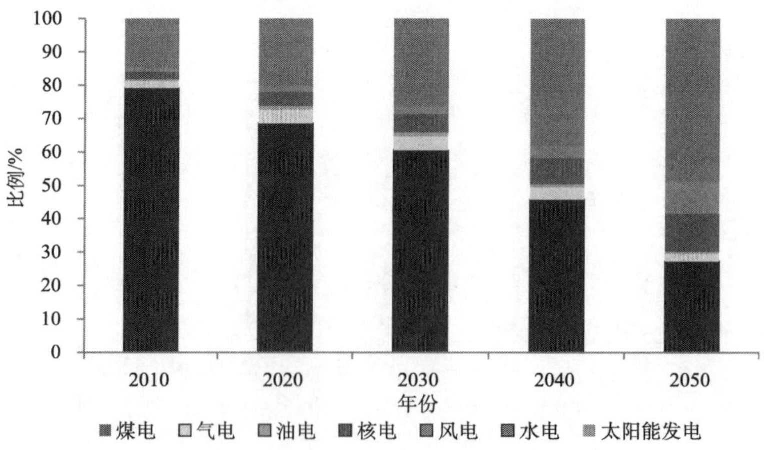

图 3.17　20%约束情景下中国电力能源份额演化趋势

循先上升，后下降规律，10%情景中，气电的峰值在 2040 年，油电的峰值在 2032 年，20%情景中，煤电的峰值均在 2030 年，气电的峰值在 2038 年，其他低碳或可再生能源发电所占比例均逐年上升，表明碳排放约束能促使能源结构向低碳化方向运动；③对比两种减排情景，减排 20%情景下煤电比例下降速度较 10%情景下快，核电、风电和水电比例上升速度快于减排 10%情景，气电和油电倒 U 形曲率大于减排 10%情景，太阳能由于所占比例很小，两种情景中其比例变化不大。

3.4 本 章 小 结

减排必须建立在区域经济发展的基础上，但中国各地区经济发展并不平衡，各地区存在不同程度的自然资源禀赋、经济基础和产业结构差异。此时，仅考虑自上而下的区域能源需求分析无法获取不同能源品种的演化趋势，而自下而上的区域能源供给分析解决了这一问题，有助于分析区域能源演化规律，为区域能源规划及减排提供参考。

本章延续第 2 章的经济增长理论，以经济最优增长为前提，将“自上而下”的拉姆齐模型与“自下而上”的 WITCH 模型中的能源模型结合，采取混合建模。在给定约束条件下，以成本最小化为最终目的，并将区域限定在中国，本章首先揭示了中国历史能源结构及碳排放的演变规律，说明了减排的必要性。其次，通过对模型的实证研究，分析了中国不减排情景和减排情景下的能源结构的演化规律。主要结论如下：

（1）一方面，中国的自然资源禀赋和经济基础决定了其能源结构在经济发展现阶段只能以煤炭为主；另一方面，受限于技术水平和新能源开发成本，中国能效提高缓慢。这两大因素导致中国自改革开放以来，碳排放水平不断上升，受国际减排压力也越来越大。因此，中国减排具有很强的必要性和紧迫性。通过对中国历史时期的碳排放结构分解，可知第二产业是主要耗能部门，从各国经验来看，该部门也是减排量和减排潜力最大的部门，因此需要重点研究。

（2）作为负责任的大国，中国已对国际社会作出承诺，即 2020 年碳强度较 2005 年要下降 40%~45%。由于中国能源使用效率、能源使用技术均与国际社会还有较大的差距，也表明中国的减排还有较大的潜力空间。首先，提高能源效率将有效节约大量化石能源使用而减少碳排放；其次，从能源利用效率的历史演变规律看，中国近十多年对能源使用效率的重视程度有所提升，能源使用效率正在不断提高；再次，能源结构正在逐渐优化，煤炭比例正在降低，而低碳、可再生能源比例正在上升，减排空间将在长时期内得到提升。

（3）无碳排放约束情景下，利用给定的稳态最优经济增长率以及最优能源增长率计算可知，中国碳排放量呈先升后降的倒 U 形曲线，碳高峰出现在 2032 年。但在此条件下，中国将无法达到国际社会指定的排放目标。该情景下的 3 种化石能源演化均呈倒 U 形曲线，非电力的 3 种化石能源使用量均大于电力 3 种化石能源使用量。3 种非电能源演化中，煤炭占主要地位，且高峰来得最快。电力能源结构演化中，煤电、油电和气电发电量均呈倒 U 形曲线，水电、核电、风电和太阳能等低碳和可再生能源比例逐年上升。

（4）在碳排放约束情景中，参考各国经验，对碳排放总量进行控制，并将情景设为总量减排 10%情景和总量减排 20%情景。分析可知：①相对于无碳排放约束，减排约束的作用主要体现在总排放量的减少，而对排放高峰的影响较小；②对能源结构进行细分，2 种情景下非电力化石能源使用总量均大于电力化石能源使用量，且 3 种化石能源均呈倒 U 形演化趋势；③约束对非电能源的影响大于电力能源；④对能源结构进行细分，并比较 7 种电力能源可知，煤电所占比例逐年下降，气电和油电比例先上升后下降；⑤减排 20%情景下煤电比例下降速度较 10%情景下快，20%情景下气电和油电倒 U 形曲率大于减排 10%情景，核电、风电和水电所比例上升速度也较减排 10%情景快。

第 4 章　产业结构优化及碳税影响下的减排效应评估

本章讨论 IAM 模型中的投入产出模块和模糊目标规划模块，两者混合建模，前者为后者提供参数估计值，部分模型的输入采用上一章的模型总能源输出，以此建立联系。

上一章粗略讨论了减排的可能性，已知第二产业是碳排放增加的主要来源，本章进一步将产业结构细分，讨论不同部门在不同政策情景下的减排效应。由于投入产出模型研究国民经济中各部门之间在投入与产出方面相互依存的数量关系，若将该模型作为约束条件引入模糊目标规划，则不同部门的投入变化会影响产出并最终影响能源及 CO_2 排放量，因此，本章重点讨论产业结构优化及碳税变化引起的不同部门投入产出变化的减排影响。

4.1　模糊目标规划模块

根据投入产出理论，每一部门均需购买其他部门的产品或服务，同时也为其他部门提供产品或服务，由此，某一部门的行为变化不仅会影响到该部门，也对其他所有部门有影响，这也意味着各部门在经济系统下存在一种交互关系，本章即利用该原理建模。首先，将产业部门细分，本章考虑模拟两种方案，第一种方案不考虑碳税，仅考虑产业结构优化对 CO_2 的减排效应，将产业部门细分为 27 个部门，第二种方案考虑碳税，此时将产业部门细分为 7 个部门（表 4.1），并通过投入产出表建立各部门间的产业联系；其次，在行业与能源部门及 CO_2 排放间建立联系以形成一组约束条件；最后，设定两个目标，即 GDP 最大和 CO_2 排放量最少，对模型求解。

表 4.1　产业部门划分

部分划分	部门
27 部门产业细分	农林牧渔业，煤炭开采和洗选业，石油和天然气开采业，金属矿采选业，非金属矿及其他矿采选业，食品制造及烟草加工业，纺织业，纺织服装鞋帽皮革羽绒及其制品业，木材加工及家具制造业，造纸印刷及文教体育用品制造业，石油加工、炼焦及核燃料加工业，化学工业，非金属矿物制品业，金属冶炼及压延加工业，金属制品业，通用、专用设备制造业，交通运输设备制造业，电气机械及器材制造业，通信设备、计算机及其他电子设备制造业，仪器仪表及文化办公用机械制造业，工艺品及其他制造业（含废品废料），电力、热力的生产和供应业，燃气生产和供应业，水的生产和供应业，建筑业，交通运输及仓储业，其他行业
7 部门产业细分	农、林、牧、渔业，工业，建筑业，交通运输、仓储和邮政业，批发、零售业和住宿、餐饮业，其他，生活消费

在模型的实际应用中，政策制定者往往注重的是解的范围，而不是某个精确解，因此引入模糊目标规划模型，该模型认为，凡复杂系统都是模糊系统，即系统的边界、结

构和功能等概念的外延都是模糊的，而内涵是灰色的，因而很难逐个变量进行定量描述，即使有定量化的指标，也只是一个概数，因此，需将多级模糊目标和模糊线性约束方程相结合，使多目标模糊规划简化为单目标规划，从而得到具有一定隶属度的极值（吕永成,1992）。该模型最终描述为：

（1）模糊目标如式（4.1）所示：

$$\max a \tag{4.1}$$

式中，a 为模糊算子，表明同时满足总产值条件和 CO_2 排放条件的程度，其作用是放松对模型目标的约束，使模拟结果保持在一定的容差范围内。

（2）目标约束如式（4.2 所示）：

$$\frac{\sum_{i=1}(1+V_i)X_i-(G_{\text{goal}}-d_g)}{d_g}\geqslant\alpha \tag{4.2}$$

式中，V_i 为产业 i 增加值的增长率；X_i 为 i 产业在基准年的产值，是决策变量；G_{goal} 为目标年份总产值，为预测值；d_g 为目标年份产值的容差，即 CO_2 排放约束下目标年的 GDP 较无 CO_2 排放约束时目标年的产值的损失值；i 为其他产业部门，则有式（4.3）：

$$\frac{\left[C_{\text{goal}}+d_c-\sum_{i=1}(\sum_{j=1}^{4}c_{ij}e_{ij}X_i)\right]}{d_c}\geqslant\alpha \tag{4.3}$$

式中，C_{goal} 为目标年份的 CO_2 排放量；d_c 为目标年份 CO_2 的容差，即总产值约束下目标年的 CO_2 排放量较总产值约束时目标年的 CO_2 排放量的损失值；j 为煤、油、气、电 4 种能源；c_{ij} 为 CO_2 排放系数；e_{ij} 为能源投入系数。

（3）函数约束如式（4.4）所示：

$$\text{最终需求：}(I-D)_i X\geqslant Y_i \tag{4.4}$$

由投入产出理论而来，式中，D 为直接消耗系数矩阵；I 为单位矩阵；Y_i 为 i 产业的最终需求下限。则有式（4.5）成立。

$$\text{总产值：}X_i\leqslant\overline{X}_i \tag{4.5}$$

生产总值上限约束，目标年总产值不超过其上限 $\overline{X}_i$，即

$$\text{能源供给：}\begin{matrix} e_iX_i\leqslant\overline{E}_i \\ e_iX_i\geqslant\underline{E}_i \end{matrix} \tag{4.6}$$

能源产出大于其供给下限 $\underline{E}_i$，小于其上限 $\overline{E}_i$，e_i 为 i 产业的能源投入系数，则

$$\text{非负约束：}X_i\geqslant 0 \tag{4.7}$$

4.2 碳 税 模 块

碳税通过影响产值增长率和能源投入系数而影响目标函数，从而影响各产业的碳排放量。

（1）碳税征收首先影响能源价格，这一过程表示为

$$P_i' = \frac{\dot{P}_C / P_C \times Q_{C_i} + \dot{P}_O / P_O \times Q_{O_i} + \dot{P}_N / P_N \times Q_{N_i} + \dot{P}_E / P_E \times Q_{E_i}}{Q_{C_i} + Q_{O_i} + Q_{N_i} + Q_{E_i}} \tag{4.8}$$

式中，P_i' 为 i 部门能源价格变化率；$Q_{C_i} + Q_{O_i} + Q_{N_i} + Q_{E_i}$ 表示 i 部门的能源消耗量；C,O,N,E 分别为煤、石油、天然气和电力四种能源；$\dot{P}_C / P_C, \dot{P}_O / P_O, \dot{P}_N / P_N, \dot{P}_E / P_E$ 分别为煤、石油、天然气和电力的能源价格变化率。

（2）由于投入产出理论、价格变化、投入产出表的平衡关系被打破，导致产业部门的产值发生变化，即

$$\Delta O_i = P_i' \times E_{KE} \times K + P_i' \times E_{LE} \times L \tag{4.9}$$

式中，ΔO_i 为 i 部门产值变化量；E_{KE}, E_{LE} 分别为能源-资本的交叉弹性和能源-劳动力交叉弹性，也即能源价格上升 1%对资本和劳动力的影响；K, L 分别为资本和劳动力的投入总量。

（3）价格变化同样会引起中间投入的变化如式（4.10）所示：

$$\Delta Y_i = P_i' \times E_{EE} \times C_E + P_i' \times E_{ME} \times M \tag{4.10}$$

式中，ΔY_i 为 i 部门的中间投入变化量；E_{EE}, E_{ME} 分别为能源价格需求弹性和能源-原材料交叉弹性系数，即能源价格上升 1%对能源需求和原材料投入的影响；C_E, M 分别为总能源成本和原材料中间投入。

（4）产值变化和中间投入变化引起产业增加值变化率的变化如式（4.11）所示：

$$V_i' = \frac{O_i + \Delta O_i}{(Y_i + \Delta Y_i) + (O_i + \Delta O_i)} \tag{4.11}$$

式中，V_i' 为征收碳税后 i 部门的产值增加率；Y_i, O_i 分别为征收碳税前的 i 部门中间投入和总产值。

（5）能源价格变化引起能源投入系数变化：

能源需求可写成 4 种能源价格的函数，能源价格变化会引起能源替代，并最终导致能源投入系数变化：

$$D_j = f(P_C, P_O, P_N, P_E) \tag{4.12}$$

进一步，对 D_j 微分，得到能源需求量的变化率与各种能源价格，以及相关弹性系数的关系见式（4.13）和式（4.14）：

$$\frac{\partial D_j}{\partial t} = \dot{D}_j = \frac{\partial D_j}{\partial P_C} \times \frac{\partial P_C}{\partial t} + \frac{\partial D_j}{\partial P_O} \times \frac{\partial P_O}{\partial t} + \frac{\partial D_j}{\partial P_N} \times \frac{\partial P_N}{\partial t} + \frac{\partial D_j}{\partial P_E} \times \frac{\partial P_E}{\partial t} \tag{4.13}$$

$$\frac{\dot{D}_j}{D_j} = \left(\frac{\partial D_j}{D_j} \times \frac{P_C}{\partial P_C}\right) \cdot \frac{\dot{P}_C}{P_C} + \left(\frac{\partial D_j}{\partial P_O} \times \frac{P_O}{D_j}\right) \cdot \frac{\dot{P}_O}{P_O} + \left(\frac{\partial D_j}{\partial P_N} \times \frac{P_N}{D_j}\right) \cdot \frac{\dot{P}_N}{P_N} + \left(\frac{\partial D_j}{\partial P_E} \times \frac{P_E}{D_j}\right) \cdot \frac{\dot{P}_E}{P_E} \tag{4.14}$$

令 $(\frac{\partial D_j}{D_j} \times \frac{P_C}{\partial P_C}) = E_{jC}, (\frac{\partial D_j}{\partial P_O} \times \frac{P_O}{D_j}) = E_{jO}, (\frac{\partial D_j}{\partial P_N} \times \frac{P_N}{D_j}) = E_{jN}, (\frac{\partial D_j}{\partial P_E} \times \frac{P_E}{D_j}) = E_{jD}$，则有式（4.15）成立：

$$\frac{\dot{D}_j}{D_j} = E_{jC} \times \frac{\dot{P}_C}{P_C} + E_{jO} \times \frac{\dot{P}_O}{P_O} + E_{jN} \times \frac{\dot{P}_N}{P_N} + E_{jE} \times \frac{\dot{P}_E}{P_E} \tag{4.15}$$

式中，$E_{jC},E_{jO},E_{jN},E_{jE}$分别为能源间的交叉弹性系数。式（4.16）成立。

$$e_j' = e_j \times (1+\dot{D}_j / D_j) \tag{4.16}$$

最终，碳税征收后，得到部门j的变化的能源投入系数e_j'。

（6）将变化后的能源投入系数e_j'和产业增加值变化率V_i'代入模糊目标规划模块，得到征收碳税后的最优解。

4.3 数据处理方法及流程

4.3.1 数据处理方法

本章模型所需的数据来源主要有三类：①能源、经济、产业等历史数据，直接来源于《中国统计年鉴》、《中国能源统计年鉴》和中国投入产出表及其延长表；②能源、经济、产业等未来预测数据，其来源是上一章中最优能源与经济增长模块混合建模的输出；③各种弹性值，本书作为外生变量给出，其选取标准参考国内相关学者的研究（贺

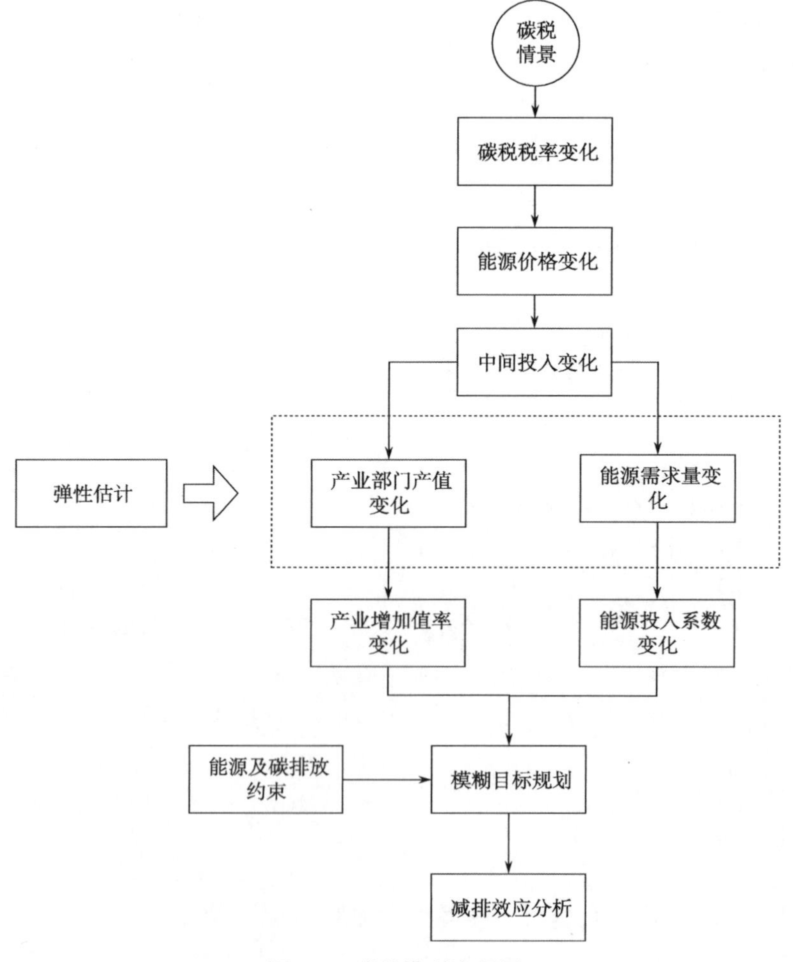

图 4.1　碳税模型流程图

媛,2012），这样做的理由有两点：一是目前的不同的估计方法所求得的弹性不同，因此将弹性作为外生变量输入，以便在第 6 章决策运行系统中进行情景分析时，模拟不同模型以及不同产业结构影响下的减排效应；二是考虑模型的可扩展性，在以后的研究中开发出弹性计算模块，则可将其输出值作为本模型的输入，从而嵌入本模型，合并成更大型和更复杂的 IAM 模型而不丧失各模块的独立性。

4.3.2　模型流程

碳税与规划模型的联动实现步骤如图 4.1 所示。

4.4　产业结构优化下的减排效应分析

4.4.1　方案设计

采用 4.1 节模型，不考虑碳税，仅研究产业结构优化对 CO_2 的减排效应，并设置三种情景如下：

（1）情景 A：基准情景，即经济正常增长，产业结构优化没有发生。

（2）情景 B：产业结构优化 10%方案，其思想是抑制高耗能产业，扶持低耗能产业，即在 27 产业部门中，抑制能源强度处于前六位的产业，将其增长率下调 10%，这六大产业分别为，煤炭开采和洗选业，金属矿采选业，石油加工、炼焦及核燃料加工业，金属冶炼及压延加工业，电力、热力的生产和供应业，燃气生产和供应业。扶持能源强度处于后六位的产业，将其增长率提升 10%，这六大产业分别为，纺织服装鞋帽皮革羽绒及其制品业，交通运输设备制造业，电气机械及器材制造业，通信设备、计算机及其他电子设备制造业，仪器仪表及文化办公用机械制造业，建筑业。

（3）情景 C：产业结构优化 20%方案，其抑增机制与情景 B 类似，但产业结构优化程度为 20%。

4.4.2　优化结果

选择 2001 年为基年，分析并比较 2010 年产业结构优化对 CO_2 排放量的减排效应，结果如下：

1）基准方案

表 4.2 显示了至 2010 年四种不同能源的 CO_2 排放效应，在基准方案下：①能源使用量排序为煤炭>石油>电力>天然气，其中煤炭在能源消费中所占比例高达 61.50%，处于绝对重要地位，其次为石油，其比例为 23.16%，两者之和 84.66%，表明了我国目前仍以化石能源为主的能源使用现状；②CO_2 排放量排序为煤>石油>电力>天然气，与能源使用量排序一致，表明能源使用与 CO_2 排放有较强的正相关性，这种相关性与中国目前以化石能源为主的能源结构有关；③由于 4 种能源的碳排放系数不同，不同能源排放 CO_2 所占的比例与能源消费量所占比例有所差别，如煤和电力能源所排放 CO_2 比例大于两者

能源消费所占比例，而天然气和电力能源则相反，主要原因是煤、石油、天然气三种能源的含量碳不同，将碳氧化为 CO_2 分子时其排放系数也不一样，三种能源的 CO_2 排放系数关系为煤>石油>天然气，此外，由于我国电力中火力发电占重要地位，因此一次能源发电效率非常低，因而电力发电排放 CO_2 量也较化石能源大，其 CO_2 排放量比例高于能源使用比例；④与基年（2001 年）相比，CO_2 排放量总幅度增加了 156.39%，4 种能源 CO_2 排放量增加幅度排序为：天然气>电力>煤>石油，排放关系与中国的能源结构变化率有关，如 2001～2010 年，天然气比例由 2.35%上升为 3.42%，其使用量年均增长率为 14.66%，为四种能源中最高；电力能源比例由 10.07%上升为 11.93%，其使用量年均增长率为 12.08%，排名第二；煤炭比例由 56.50%上升为 61.50%，其使用量年均增长率为 11.03%；石油为 4 种能源中唯一比例下降的能源，其比例由 31.08%下降为 23.16%，但其使用量仍保持上升，年均增长率为 6.45%，增速最慢。

表 4.2　基准方案下 2010 年不同能源的 CO_2 排放效应分析

	煤	石油	天然气	电力	总量
能源消费量/万 t 标煤	180431.13	67945.89	10024.79	34992.06	293393.87
能源消费量比例/%	61.50	23.16	3.42	11.93	100.00
CO_2 排放量/万 t	5002.45	1459.65	164.82	1049.76	7676.68
比例/%	65.16	19.01	2.15	13.67	100.00
CO_2 增加幅度/%	156.39	75.53	242.66	179.04	139.37

表 4.3 为基准方案中，各产业模拟结果，由表 4.3 和图 4.2 分析可知：①产出部门除其他行业外，产出位于前三位的分别是建筑业、化学工业和金属冶炼及压延加工业，三者产出所占比例达 22.17%，这三类产业均为国民经济发展的支柱产业，但仅有金属冶炼及压延加工业属于产业结构优化方案中需要抑制的产业，表明产业结构优化并不会全

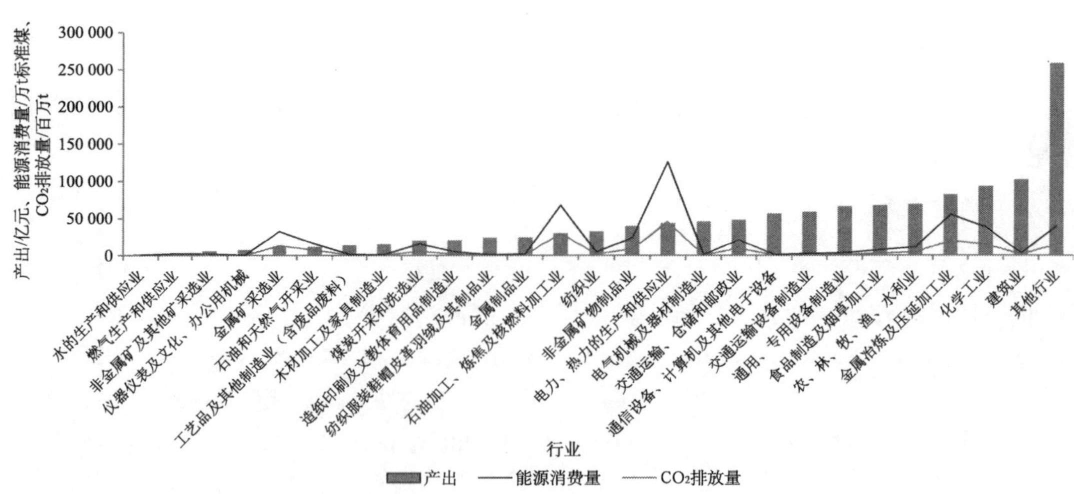

图 4.2　不同部门产出、能源消费量和 CO_2 排放量示意图

表 4.3　基准方案下各产业模拟结果分析（2010 年）

产业部门	产出/亿元	产出比例/%	能源消费量/万 t 标煤	能源消费量比例/%	CO_2 排放量/百万 t	CO_2 排放量比例/%
农、林、牧、渔、水利业	69319.80	5.53	6477.3	1.91	7571.14	0.99
煤炭开采和洗选业	20166.13	1.61	10574.43	3.11	32599.02	4.25
石油和天然气开采业	11673.25	0.93	4057.55	1.19	5967.84	0.78
金属矿采选业	11409.90	0.91	17159.49	5.05	40960.61	5.34
非金属矿及其他矿采选业	5389.98	0.43	1239.9	0.37	1573.58	0.20
食品制造及烟草加工业	67432.29	5.38	5512.1	1.62	7409.28	0.97
纺织业	32614.51	2.60	6204.53	1.83	6771.90	0.88
纺织服装鞋帽皮革羽绒及其制品业	24157.29	1.93	1140.61	0.34	1183.55	0.15
木材加工及家具制造业	15046.15	1.20	1245.28	0.37	1358.98	0.18
造纸印刷及文教体育用品制造业	20793.64	1.66	4563.73	1.34	7613.66	0.99
石油加工、炼焦及核燃料加工业	30148.61	2.41	16582.66	4.88	121778.12	15.86
化学工业	93251.06	7.44	36116.2	10.64	47034.76	6.13
非金属矿物制品业	40064.07	3.20	27683.25	8.15	39447.76	5.14
金属冶炼及压延加工业	82081.79	6.55	70375.16	20.72	117918.53	15.36
金属制品业	24496.79	1.96	3627.75	1.07	3176.28	0.41
通用、专用设备制造业	66270.33	5.29	5122.01	1.51	5708.36	0.74
交通运输设备制造业	58703.36	4.69	3748.85	1.10	3902.85	0.51
电气机械及器材制造业	45894.94	3.66	2121.53	0.62	1925.06	0.25
通信设备、计算机及其他电子设备	56567.61	4.52	2525.15	0.74	2187.71	0.28
仪器仪表及文化、办公用机械	7137.46	0.57	346.47	0.10	307.00	0.04
工艺品及其他制造业（含废品废料）	13655.49	1.09	1582.57	0.47	1680.06	0.22
电力、热力的生产和供应业	43748.49	3.49	22584.11	6.65	215024.61	28.01
燃气生产和供应业	2241.12	0.18	650.11	0.19	2160.35	0.28
水的生产和供应业	1741.08	0.14	970.36	0.29	819.13	0.11
建筑业	102343.30	8.17	6226.3	1.83	3817.37	0.50
交通运输、仓储和邮政业	48010.32	3.83	26068.47	7.68	34787.76	4.53
其他行业	258436.12	20.63	55065.26	16.22	52982.89	6.90
总计	1252794.87	100.00	339571.13	100.00	767668.18	100.00

面抑制支柱产业的发展；②各部门的能源消费量与产出并不一致，产出高的行业其能源消耗不一定强，如建筑业、电气机械及器材制造业等行业；除其他行业外，能源消费量占前三位的部门分别为金属冶炼及压延加工业、化学工业和非金属矿物制品业，三者能源消费量所占比例为 39.51%，这三类行业都属于高耗能行业，但除金属冶炼及压延加工业外，其他两种行业单位 GDP 能耗都相对较低，不属于产业结构优化行业；③各行业 CO_2 排放量与能源消费量较为相关，两者相关系数为 0.6。CO_2 排放量位于前三位的行业

分别为电力、热力的生产和供应业，石油加工、炼焦及核燃料加工业和金属冶炼及压延加工业，这三类行业 CO_2 排放量所占比例高达 59.23%，是主要的 CO_2 排放源，除电力、热力的生产和供应业外，其他两类行业均属于低能源使用效率行业，需在产业结构调整中抑制其发展。

2）情景 A

表 4.4 为产业结构优化 10%方案，该方案与基准方案比较，有如下特点：①除天然气外，其他能源消费量及能源消费总量均较优化前有所减少。总能源使用量相比基准情景减少了 6597.98 万 t 标准煤，其中产业结构优化对煤炭使用的影响最大，其使用量相对基准情景减少了 5178.85 万 t 标准煤，为减少最多的能源，占总能源减少量的 78.49%，其次为电力能源，减少量为 1107.68 万 t 标准煤，减少量占总能源减少量的 16.79%，石油减少量为 800.38 万 t 标准煤，天然气使用量上升，其上升量为 488.94 万 t 标准煤。②除天然气外，其他三种能源和总能源的 CO_2 排放量均有所减少，总 CO_2 排放量减少 18596.93 万 t，其中，煤炭使用减少的 CO_2 排放量最多，减少 14358.36 万 t，减少量占总 CO_2 排放减少量的 77.21%，电力 CO_2 排放量减少次之，减少 3323.04 万 t，占总 CO_2 排放减少量的 17.87%，石油 CO_2 排放量减少 1719.42 万 t，天然气 CO_2 排放量上升，上升量为 803.99 万 t，表明产业结构优化有利于减排，且减排主要来源于煤炭使用量的减少。③与基年（2001 年）比较，4 种能源所排放的 CO_2 均较 2001 年有所上升，其中增幅最大的是天然气 CO_2，其次为煤炭 CO_2，电力 CO_2 和石油 CO_2。基于我国以煤为主的能源结构，产业结构优化也可促进能源结构优化，降低煤炭、石油和火力发电能源的使用比例，提高天然气使用比例。④与基准方案比较，产业结构优化将使 CO_2 排放减少 2.42%，各能源减少幅度排序为电力>煤>石油，电力能源减排最显著源于火力发电在我国电力生产中占较大比例，且其利用效率低，因此其单位使用量的减少能比煤炭使用减少更多的 CO_2。天然气是唯一使 CO_2 排放量上升的能源，其上升幅度为 4.95%，但由于其在能源系统中所占比例并不大，对 CO_2 减排的影响并不明显。

表 4.4　10%优化方案模拟结果分析

	煤	石油	天然气	电力	总量
能源消费量/万 t 标煤	175252.28	67145.51	10513.72	33884.38	286795.89
比例/%	61.11	23.41	3.67	11.81	100.00
CO_2 排放量/万 t	485886.77	144245.14	17286.21	101653.13	749071.25
比例/%	64.87	19.26	2.31	13.57	100.00
与基年比较 CO_2 增加幅度	149.03	73.46	259.37	170.20	133.57
与基准方案比较 CO_2 增加幅度/%	−2.87	−1.18	4.88	−3.17	−2.42

3）情景 B

表 4.5 为产业结构优化 20%方案，该方案与基准方案和 10%优化方案相比：①相比

较于基准方案，20%优化方案减少了煤炭、石油和电力能源的使用量，其中减少量最大的为煤炭，其煤炭使用减少量占总能源使用减少量的 61.11%。②与 10%优化方案相比，20%优化方案在各能源使用量的增减上一致，但 20%优化方案对总能源、煤炭、石油和电力使用量减少幅度更大，对天然气的使用增加幅度更小，表明产业结构优化会促进能源结构改变，优化程度越高，煤炭、石油和电力在能源结构中所占比例越低，天然气所占比例越高。但 20%优化方案下各能源的变化幅度相对 10%优化方案均较小，表明随着优化程度的提高，产业结构调整的减排影响呈边际递减，且达到一定阈值后，产业结构优化不再对减排产生显著影响。 ③与基准方案相比，20%优化方案总减少 CO_2 排放 18630.47 万 t，对减排贡献最大的是煤炭 CO_2，其减少的 CO_2 排放量占总减少量的 67.88%，其次为电力、石油。优化方案会增加天然气的能源使用量，从而导致天然气 CO_2 排放量的增加，增加值为 803.09 万 t。④与 10%优化方案相比，20%优化方案在各能源品种 CO_2 排放增减趋势上一致，但随着优化程度的提高，石油 CO_2 的比例会增加，煤炭和电力 CO_2 比例减少，天然气 CO_2 排放上升趋势减缓。⑤20%优化方案下的 4 种能源 CO_2 排放量均较基年（2001 年）有了较大幅度增长，总排放量增加了 428337 万 t，各能源品种 CO_2 增量关系为煤>电力 >石油>天然气，总 CO_2 排放年均增长率为 9.88%，各能源品种 CO_2 排放量年均增长率关系为天然气>电力>煤>石油。⑥与基准方案比较，煤、石油、电力和总能源 CO_2 排放量均有所减少，天然气 CO_2 排放量增加，与 10%优化方案一致，20%优化方案减排影响的变化幅度稍大。

表 4.5　20%优化方案模拟结果分析

	煤	石油	天然气	电力	总量
能源消费量/万 t 标煤	175243.50	67143.97	10513.24	33882.68	286783.39
比例/%	61.11	23.41	3.67	11.81	100.00
CO_2 排放量/万 t	485862.42	144241.83	17285.40	101648.05	749037.71
比例/%	64.86	19.26	2.31	13.57	100.00
与基年比较 CO_2 增加幅度/%	149.02	73.46	259.36	170.19	133.56
与基准方案比较 CO_2 增加幅度/%	−2.88	−1.18	4.87	−3.17	−2.43

4）重点产业分析

表 4. 6 是产业结构中需要抑制的行业，这六大行业均为高能源强度产业，其规律为：①产业结构优化会减少高耗能产业的产出，但随着优化程度的增加，产值减少幅度降低，基准方案下产值为 189796 亿，10%优化方案下减少为 186721 亿，减少了 3075 亿，20%优化方案下减少为 186711 亿，减少量为 3084 亿；②小幅度的优化能提高耗能型产业的产出在总产出中的比例，随着优化幅度的增加，耗能型产业产出比例增加不明显，六大受抑制行业产出比例在基准方案下为 15.15%，10%优化方案下为 15.59%，20%优化方案下为 15.60%；③六大受抑制行业中，能源使用量和 CO_2 排放量均随优化程度增加而减少，但其占总能源消耗或总 CO_2 排放量的比例基本保持不变；④随产业结构优化其能源使用

和 CO_2 排放比例减少的行业有煤炭开采和洗选业和电力、热力的生产和供应业，比例增加的行业有金属矿采选业、石油加工、炼焦及核燃料加工业和金属冶炼及压延加工业，而产业结构优化对燃气生产和供应业比例影响不大；⑤受能源结构及各行业能源使用特征影响，各行业中，对减排贡献最大的行业为电力、热力的生产和供应业，而燃气生产和供应业减排贡献最小；⑥综合来看，10%的产业结构优化可以达到较理想的减排效果，20%的优化方案达到的减排效果较差，如前种方案中总减排量达到 18596 万 tCO_2，而后者仅比前者减少了 34.47 万 tCO_2，表明随着优化程度的提高，减排边际效用递减，经过一次优化后，各行业的减排空间已经缩小。

表 4.6　抑制产业结构优化方案模拟结果分析

项目		煤炭开采和洗选业	金属矿采选业	石油加工、炼焦及核燃料加工业	金属冶炼及压延加工业	电力、热力的生产和供应业	燃气生产和供应业
基准方案	产出/亿元	20166.13	11409.90	30148.61	82081.79	43748.49	2241.12
	比例/%	1.61	0.91	2.41	6.55	3.49	0.18
	能源/万 t 标煤	17769.77	23346.90	79314.16	63755.35	117667.42	1229.16
	比例/%	4.01	5.26	17.89	14.38	26.53	0.28
	CO_2/万 t	49271.90	61910.06	184061.95	178228.35	324999.66	3265.27
	比例/%	4.25	5.34	15.86	15.36	28.01	0.28
10%优化方案	产出/亿元	18980.35	16440.64	29933.19	79384.61	39849.29	2132.98
	比例/%	1.58	1.37	2.50	6.63	3.33	0.18
	能源/万 t 标煤	11066.55	22256.67	52098.99	40798.80	70912.64	774.09
	比例/%	3.86	7.76	18.17	14.23	24.73	0.27
	CO_2/万 t	30684.34	59018.08	120902.99	114050.81	195861.02	2056.45
	比例/%	4.10	7.88	16.14	15.23	26.15	0.27
20%优化方案	产出/亿元	18979.18	16440.23	29932.43	79383.18	39846.04	2130.62
	比例/%	1.58	1.37	2.50	6.63	3.33	0.18
	能源/万 t 标煤	11065.87	22256.12	52097.66	40798.07	70906.86	773.23
	比例/%	3.86	7.76	18.17	14.23	24.72	0.27
	CO_2/万 t	30682.46	59016.62	120899.90	114048.76	195845.05	2054.16
	比例/%	4.10	7.88	16.14	15.23	26.15	0.27

表 4.7 是产业结构中需要加快发展的行业，这六大行业均为低排放产业，适当增加其产业比例，既可以有效弥补抑制高耗能产业带来的损失，也可以促使中国在保持经济增长的同时，通过产业结构优化调整，实现中国减排目标。其规律为：①基准方案下，六大需促进的产业产值占总产值的 23.53%，10%优化方案下为 24.61%，20%优化方案下为 24.24%，随着优化程度的增加，低耗能型行业在国民经济中所占比例越来越大，但也存在边际递减效应，即随着优化程度的提高，其对产业结构调整的难度越来越大；②与产出不同，产业结构优化对低排放行业的能源消费结构和 CO_2 排放结构影响不大，六大

行业的能源使用量所占比例随着优化逐渐减少到占总能源比例的 1.7%，CO_2 排放量所占比例也下降到仅占总排放量的 1.74%左右；③纺织服装鞋帽皮革羽绒及其制品业，交通运输设备制造业，电气机械及器材制造业和建筑业的产出、能源使用量和 CO_2 排放量均随着优化加深而减少，减排效应最大的产业是建筑业，表明该行业具有较大的减排空间，而通信设备、计算机及其他电子设备和仪器仪表及文化、办公用机械业则随优化其产出、能源使用和 CO_2 排放量均增加，其减排空间有限，这两类产业的能源强度在优化过程中没有降低，能源结构优化并不能扩大其减排潜力。

表 4.7　促进产业结构优化方案模拟结果分析

	项目	纺织服装鞋帽皮革羽绒及其制品业	交通运输设备制造业	电气机械及器材制造业	通信设备、计算机及其他电子设备	仪器仪表及文化、办公用机械	建筑业
基准方案	产出/亿元	24157.29	58703.36	45894.94	56567.61	7137.46	102343.30
	比例/%	1.93	4.69	3.66	4.52	0.57	8.17
	能源/万 t 标煤	650.96	2173.98	1060.23	1191.60	168.86	2302.88
	比例/%	0.15	0.49	0.24	0.27	0.04	0.52
	CO_2/万 t	1788.89	5898.98	2909.63	3306.62	464.02	5769.78
	比例/%	0.15	0.51	0.25	0.28	0.04	0.50
10%优化方案	产出/亿元	24157.29	58703.36	45894.94	56567.61	7137.46	102343.30
	比例/%	2.02	4.90	3.83	4.72	0.60	8.55
	能源/万 t 标煤	430.68	1438.34	701.46	788.38	111.72	1523.62
	比例/%	0.15	0.50	0.24	0.27	0.04	0.53
	CO_2/万 t	1183.55	3902.85	1925.06	2187.71	307.00	3817.37
	比例/%	0.16	0.52	0.26	0.29	0.04	0.51
20%优化方案	产出/亿元	21754.85	54438.62	43360.31	68981.88	9690.31	92109.26
	比例/%	1.82	4.55	3.62	5.76	0.81	7.69
	能源/万 t 标煤	385.81	1328.54	661.78	959.01	151.62	1372.24
	比例/%	0.13	0.46	0.23	0.33	0.05	0.48
	CO_2/万 t	1060.65	3605.71	1817.78	2661.85	416.99	3436.90
	比例/%	0.14	0.48	0.24	0.36	0.06	0.46

4.5　碳税影响下的减排效应分析

有关碳税减排效应影响的研究非常多，如日本学者采用局部均衡模型对日本碳税进行研究，发现征收碳税能够减少 CO_2 排放，同时也会引起能源利用从煤炭转向天然气（Nakata and Lamont,2000），新西兰学者采用 CGE 评估碳税对经济的影响，发现征收碳税会降低总产出（Scrimgeour et al.,2005）。

由于欧洲是征收碳税最早的地区，已积累了较多的经验，其征收方法和税率设计均具有较强的借鉴意义，如 Gerlagh 等的研究表明，征收碳税会使欧盟 8 个关联国家 CO_2 排放量减少约 6%（Gerlagh and Lise,2005），而相关研究也表明，实施碳税是一种有效的政策选择，碳税的负面影响可由碳税机制和创造的财政收入来弥补（Baranzini et al.,2000）。目前，挪威、瑞典、芬兰、荷兰等西方国家已执行碳税政策多年，但挪威自 1999 年开始征收高碳税，也对大量部门免征碳税，但由于碳税影响领域的需求弹性系数均很小，CO_2 排放仅减少了 2%，（Bruvoll and Larsen,2004），征税减排效应并不明显，所以本章的碳税情景中不考虑挪威，而选择芬兰、瑞典和欧盟三种碳税征收情景。

4.5.1 碳税情景设计

由于中国已提出 2020 年碳强度较 2005 年要下降 40%~45%的目标，2020 年是一个关键点，本节即模拟若按欧洲的碳税标准，到 2020 年时中国的碳排放状况。如表 4. 8 所示，本章设置 3 种碳税模式，按征收起始年划分，芬兰代表低碳税模式，瑞典代表高碳税模式，欧盟代表中碳税模式。在芬兰模式中，初始碳税税率低，但增长速度快，碳税税率由 2011 年的 3.93 USD/tCO_2 上升为 2020 年的 27.84USD/tCO_2，年均增长率为 24.3%。在瑞典模式中，初始碳税税率高，但增长速度低，碳税税率由 2011 年的 10.39USD/tCO_2 上升为 2020 年的 24.55USD/tCO_2，年均增长率为 10.03%。欧盟分别对煤、油、气、电 4 种能源征税，4 种能源初始税率略小于瑞典，税率年均增长率为三种模式中最小，仅为 2.75%。

表 4. 8 欧洲碳税税率

年份	芬兰	瑞典	欧盟（USD/bbl-OE）			
	（USD/t-CO_2）	（USD/t-CO_2）	煤	油	气	电
2011	3.93	10.39	11.40	10.00	8.80	8.97
2012	6.59	11.96	11.71	10.28	9.04	9.21
2013	9.24	13.54	12.04	10.56	9.29	9.47
2014	11.90	15.11	12.37	10.85	9.55	9.73
2015	14.56	16.68	12.71	11.15	9.81	9.99
2016	17.21	18.28	13.06	11.45	10.08	10.27
2017	19.87	19.83	13.42	11.77	10.36	10.55
2018	22.53	21.40	13.78	12.09	10.64	10.84
2019	25.18	22.98	14.16	12.42	10.93	11.14
2020	27.84	24.55	14.55	12.77	11.23	11.45

资料来源：Lee et al.,2007。

4.5.2　碳税情景分析

1）芬兰情景

表 4. 9 为芬兰碳税模拟结果。

在该情景下：①相比 2010 年，总产出由 1252794 亿元增加到 1412731 亿元，增加了 12.77%，CO_2 排放量由 72.22 亿 t 减少到 55.70 亿 t，减少了 22.87%，因此总减排成本为 1.23 万元/tCO_2，总能源消费量由 273398 万 t 标准煤减少到 203609 万 t 标准煤，减少了 25.53%，能源使用效率提高了 51.4%。②在七大行业中，碳税征收对农、林、牧、渔业，工业，交通运输业和其他行业的产出有增强作用，对建筑业，批发、零售业和住宿、餐饮业和生活消费业产出有抑制作用，增加幅度最大的是农林牧渔业，产出增加了 21.94%，抑制大的是建筑业，产出减少了 12.63%。③征收碳税对 CO_2 排放量变化有不同的规律，碳税增加了农、林、牧、渔业和批发、零售业和住宿、餐饮业两个行业的 CO_2 排放量，前者增加幅度较大，后者增幅不明显，表明征收碳税对低碳行业的影响较小，而对于工业、建筑业、交通运输、仓储和邮政业，以及其他行业和生活消费业，征收碳税会带来大幅度的减排，各行业减排幅度均很大，表明碳税征收对高排放行业有较大的抑制效用。随着碳税的增加，企业将采用投入品替代或终端处理方式，或者通过降低总产出的方法来减少 CO_2 排放，前两种方法可降低单位产出的 CO_2 排放量，后一种方法以损失总产出而达到减排目的。④表 4.10 可知，煤炭是最主要的 CO_2 来源，其 CO_2 排放比例达到 89.52%，其次为石油，其 CO_2 排放比例为 5.71%，电力 CO_2 排放比例为 4.73%，天然气为 0.04%。从行业来看，工业排放 CO_2 最多，其比例达 65.41%，其次为交通运输、仓储和邮政业，达到 13.37%，其他五种行业排放较少，总计比例为 21.22%。

表 4. 9　芬兰情景模拟结果分析（到 2020 年）

行业	行业增加值/亿元	行业增加值变化/%	CO_2 排放/万 t	碳排放变化/%	减排成本/万元/tCO_2	能源消费量/万 t 标煤	能源消费量变化/%
农、林、牧、渔业	84526.25	21.94	20769.59	21.94	4.07	7928.56	21.95
工业	923386.09	19.19	362756.58	−19.90	−1.65	131305.50	−21.38
建筑业	89418.76	−12.63	18911.76	−24.46	2.11	7135.62	−28.54
交通运输、仓储和邮政业	71962.82	8.81	74814.26	32.78	0.16	27374.66	39.59
批发、零售业和住宿、餐饮业	64097.10	−0.92	13729.92	7.50	−0.62	5307.24	11.09
其他	118153.22	4.89	23391.47	−26.83	−0.64	8814.23	−28.12
生活消费	61186.79	−2.83	42685.15	−40.06	0.06	15743.36	−42.85
总计	1412731.03	12.77	557058.73	−22.87	−0.97	203609.17	−25.53

表 4.10　芬兰情景下各行业分能源品种的 CO_2 排放（到 2020 年）　（单位：万 t 标煤）

行业	煤	石油	天然气	电力
农、林、牧、渔业	11084.70	5284.07	13.90	4386.91
工业	353292.00	5157.52	151.82	4155.24
建筑业	11974.22	3784.24	14.70	3138.60
交通运输、仓储和邮政业	66179.74	4715.11	11.83	3907.58
批发、零售业和住宿、餐饮业	5846.63	4296.13	10.54	3576.62
其他	15035.91	4543.42	19.43	3792.72
生活消费	34962.87	4206.22	10.06	3506.00
总计	498376.07	31986.72	232.28	26463.67

2）瑞典情景

表 4.11 为瑞典碳税模拟结果。在该情景下：①相比于芬兰情景，瑞典情景下产出略少，但能源使用效率略高，2020 年，总产出由 1252794 亿增加到 1415278 亿元，增加了 12.97%，增加量略少于芬兰情景，CO_2 排放量由 72.22 亿 t 减少到 55.42 亿 t，减少了 23.27%，略高于芬兰情景，总减排成本为 9670 元/tCO_2，略低于芬兰情景，总能源消费量由 273398 万 t 标准煤减少到 202546 万 t 标准煤，减少了 25.92%，能源使用效率提高了 52.48%；②与芬兰情景相同，在七大行业中，碳税征收对农、林、牧、渔业，工业，交通运输业和其他行业的产出有增强作用，对其他四种行业产出有抑制作用，增强幅度最大的是工业和其他行业，产出分别增加了 19.21%和 17.56%，抑制大的是同样为建筑业，产出减少了 12.09%；③与芬兰情景相同，碳税增加了农、林、牧、渔业和批发、零售业和住宿、餐饮业两个行业的 CO_2 排放量，其增幅与芬兰情景近似，碳税征收对低碳行业的影响较小，而对高排放行业有较大的抑制效用，对于其他五大行业，征收碳税同样带来了大幅度的减排，各行业减排幅度均大于芬兰情景，减排幅度最大的是生活消费业，减少了 44.44%，比芬兰情景高 1.73 个百分点。

表 4.11　瑞典情景模拟结果分析（到 2020 年）

行业	行业增加值/亿元	行业增加值变化/%	CO_2 排放/万 t	碳排放变化/%	减排成本/万元/tCO_2	能源消费量/万 t 标煤	能源消费量变化/%
农、林、牧、渔业	77585.94	11.92	19064.23	11.93	4.07	7277.56	11.93
工业	923484.04	19.21	362795.06	−19.89	−1.65	131319.43	−21.37
建筑业	89964.98	−12.09	19027.29	−24.00	2.06	7179.21	−28.10
交通运输、仓储和邮政业	70942.86	7.27	73753.89	−33.74	−0.13	26986.66	−40.45
批发、零售业和住宿、餐饮业	64154.34	−0.83	13742.18	7.60	−0.56	5311.98	11.19
其他	132433.75	17.56	26218.67	−17.99	−3.44	9879.56	−19.43
生活消费	56712.56	-9.94	39563.84	−44.44	0.20	14592.14	−47.03
总计	1415278.47	12.97	554165.15	−23.27	−0.97	202546.54	−25.92

由表 4.12 可知，瑞典情景下，CO_2 排放比例达到 89.15%，和芬兰情景较为接近，各种能源 CO_2 排放比例随碳税税率增长率变化较小。从行业看，工业仍是 CO_2 排放最多的产业，但税率变化仍主要影响各行业 CO_2 排放量的增减，而对各行业 CO_2 排放比例变化影响不大，各行业 CO_2 变化幅度最大不超过 2%。

表 4.12　瑞典情景下各行业分能源品种的 CO_2 排放（到 2020 年）（单位：万 t 标煤）

行业	煤	石油	天然气	电力
农、林、牧、渔业	10174.56	4850.21	12.76	4026.71
工业	353329.48	5158.07	151.84	4155.68
建筑业	12047.36	3807.36	14.79	3157.77
交通运输、仓储和邮政业	65241.74	4648.29	11.66	3852.20
批发、零售业和住宿、餐饮业	5851.85	4299.96	10.55	3579.81
其他	16853.21	5092.56	21.77	4251.12
生活消费	32406.24	3898.64	9.32	3249.63
总计	495904.45	31755.08	232.69	26272.92

表 4.13 为欧盟碳税模拟结果。与其他两种情景不同，欧盟情景分别对不同品种能源征税，但各能源品种税率年均增长率变化不大，在该情景下：①到 2020 年，总产出由 1252794 亿增加到 1415889 亿元，增加了 13.03%，增加量高于瑞典情景，少于芬兰情景，CO_2 排放量由 72.22 亿 t 减少到 55.62 亿 t，减少了 22.98%，总减排成本为 9828 元/tCO_2，总能源消费量由 273398 万 t 标准煤减少到 203297 万 t 标准煤，减少了 25.64%，界于以上两种情景之间，能源使用效率提高了 30.17%，为三种情景中最低；②与其他两种情景相同，在七大行业中，碳税征收对农、林、牧、渔业，工业，交通运输业和其他行业的产出有增强作用，对其他四种行业产出有抑制作用，增强幅度最大的是工业，产出增加了 19.55%，抑制大的是同样为建筑业，产出减少了 9.76%；③与其他两种情景相同，碳

表 4.13　欧盟情景模拟结果分析（到 2020 年）

行业	行业增加值/亿元	行业增加值变化/%	CO_2 排放/万 t	碳排放变化/%	减排成本/万元/tCO_2	能源消费量/万 t 标煤	能源消费量变化/%
农、林、牧、渔业	77482.60	11.78	19038.84	11.78	4.07	7267.87	11.79
工业	926166.36	19.55	363848.82	−19.66	−1.70	131700.86	−21.14
建筑业	92357.78	−9.76	19533.35	−21.98	1.81	7370.15	−26.19
交通运输、仓储和邮政业	71401.05	7.96	74230.23	−33.31	−0.14	27160.96	−40.06
批发、零售业和住宿、餐饮业	64103.08	−0.91	13731.20	7.51	−0.62	5307.73	11.10
其他	125623.85	11.52	24870.47	−22.21	−1.83	9371.54	−23.57
生活消费	58754.50	−6.69	40988.33	−42.44	0.14	15117.53	−45.12
总计	1415889.21	13.02	556241.25	−22.98	−0.98	203296.64	−25.64

税增加了农、林、牧、渔业和批发、零售业和住宿、餐饮业两个行业的 CO_2 排放量，对其他五大行业，征收碳税同样带来了大幅度的减排，减排幅度最大的是生活消费业，减少了 42.44%；④由表 4. 14 可知，欧盟情景下与芬兰情景和瑞典情景在各能源品种的 CO_2 排放比例和各行业的 CO_2 排放比例均较为接近，这一结论与前两种情景的比较类似，进一步论证了碳税税率变化主要影响 CO_2 排放量的增减，而对各行业或各能源之间的比例关系影响不大。

表 4. 14　欧盟情景下各行业分能源品种的 CO_2 排放（到 2020 年）（单位：万 t 标煤）

行业	煤	石油	天然气	电力
农、林、牧、渔业	10161.01	4843.75	12.74	4021.35
工业	354355.75	5173.05	152.28	4167.75
建筑业	12367.79	3908.62	15.19	3241.76
交通运输、仓储和邮政业	65663.11	4678.31	11.74	3877.08
批发、零售业和住宿、餐饮业	5847.18	4296.53	10.54	3576.95
其他	15986.60	4830.69	20.65	4032.53
生活消费	33573.03	4039.01	9.66	3366.63
总计	497954.45	31769.96	232.79	26284.04

4.6　本 章 小 结

基于投入产出理论和模糊目标规划理论，本章主要探讨了产业结构变化和碳税税率变化的减排效应。在产业结构变化的减排效应分析中，将产业部门细分为 27 个部门，并设置了 3 种情景，即基本情景、10%优化情景和 20%优化情景，比较分析不同产业结构优化方案下的减排效应。在碳税税率变化的减排效应分析中，引入欧洲碳税机制，设置了 3 种碳税机制，即芬兰情景、欧盟情景和瑞典情景，按其初始税率划分，分别代表低税率、中税率和高税率情景，比较分析了三种碳税机制下的减排效应，主要结论如下：

（1）中国目前能源使用量由大到小排列依次为煤炭、石油、电力、天然气，由于化石能源使用占主要地位，且能源使用量与 CO_2 排放量之间有较大的相关性，四种能源的 CO_2 排放关系由大到小依次为煤炭、石油、电力、天然气。煤炭使用量最大，因而在产业结构调整中，其 CO_2 排放数量变化最大，天然气使用量最少，但产业结构调整对其 CO_2 排放变化率影响最大，火力发电在我国电力能源中占据非常重要地位，从 CO_2 排放量看，其发电效率非常低，因而在产业结构调整中，若增加电力能源比例，必将带来 CO_2 排放量的较大幅度上升。

（2）产出部门大的行业其能源消耗量不一定大，如建筑业、化学工业和金属冶炼及压延加工业，三者产出所占比例达 22.17%，但建筑业耗能较低。由于产业抑制主要针对能源强度大的行业，而产业扶持主要针对能源强度小的行业，因而耗能多的化学工业和非金属矿物制品业均不需要抑制，因此，本书所涉及的产业结构抑制优化并不会对国民经济支柱行业进行全面抑制。

（3）在产业结构优化中，10%的优化方案和 20%优化方案在能源使用量、能源品种的 CO_2 排放量的增减趋势上有相似的规律，但随着优化程度的提高，石油 CO_2 的比例会增加，煤炭和电力 CO_2 比例减少，天然气 CO_2 排放上升趋势减缓。两种方案最主要的区别是量上的区别，与10%方案相比，20%优化方案下的4种能源 CO_2 排放量均较基年（2001年）增长幅度更大，各能源品种 CO_2 增量关系由大到小依次为，煤、电力、石油、天然气，各能源品种 CO_2 排放量年均增长率关系由大到小依次为天然气、电力、煤、石油。

（4）产业结构优化调整中，需抑制的行业均属于高能源强度产业，随着优化程度的提高，减排存在边际递减规律，表明经过一次优化后，高能源强度产业提升能源效率存在边际递减效应，因而各行业的减排空间增加量也逐渐减少。产业抑制对行业的影响主要体现在 CO_2 排放量的增减上，而对各行业产出比例影响小。产业需促进的行业均为低排放产业，适当增加其产业比例，既可以有效弥补抑制高耗能产业带来的损失，又能保证中国减排目标的实现，但这类行业本身 CO_2 排放量就较少，其调整对国民经济的影响也存在边际递减，通过调整带来的减排空间增加量也很少。

（5）2010～2020 年，三种碳税情景下的中国产出均有增加，CO_2 排放量均有减少，能源使用效率均有提高，产出增长幅度均在 13%左右，增长最快的为芬兰情景，其次为欧盟和瑞典情景，CO_2 排放量减少幅度约 23%，减少最多的是瑞典情景，其次为芬兰和欧盟情景，芬兰和瑞典情景能源效率均提升 52%左右，而欧盟情景能源效率提升较慢，提升 30.17%。将各情景的减排成本比较可知，芬兰情景的减排成本为 12316 元/tCO_2，瑞典情景为 9670 元/tCO_2，欧盟情景为 9828 元/tCO_2，与刘兰翠（2006）的研究结论相差不大。

（6）三种碳税机制对在七大行业的影响分析表明，碳税征收对农、林、牧、渔业，工业，交通运输业和其他行业的产出有增强作用，对建筑业，批发、零售业，住宿、餐饮业和生活消费业产出有抑制作用，芬兰碳税和欧盟碳税情景对产出增加幅度最大的是工业，瑞典碳税情景对工业和其他行业产出均有明显的增强作用，三种碳税情景对产业的增强关系依次为芬兰碳税机制、欧盟碳税机制、瑞典碳税机制。三种碳税情景均对建筑业产出有很强的抑制作用，抑制关系由大到小依次为瑞典碳税机制、欧盟碳税机制、芬兰碳税机制。

（7）三种碳税机制均对农、林、牧、渔业，批发、零售业和住宿、餐饮业两个行业的 CO_2 排放量增加有正影响，但由于这些产业均为低碳产业，所增加幅度并不大。而对于工业、建筑业、交通运输、仓储和邮政业，以及其他行业和生活消费业，征收碳税会带来大幅度的减排，减排幅度最大的是生活消费业，表明碳税对高排放行业有较大的抑制效用，三种碳税机制的减排幅度由大到小依次为瑞典碳税机制、欧盟碳税机制、芬兰碳税机制。在三种碳税机制下，按能源品种统计则煤炭均是最主要的 CO_2 排放源，三种机制下其 CO_2 排放比例均接近 90%，按行业分则工业是最主要的排放部门，其排放比例在 65%左右。

第5章　DSGE模型的碳排放财税政策评价

5.1　DSGE模型简介

5.1.1　DSGE基本原理

征收碳排放税的一个分析方向，在近年主要表现为动态随机一般均衡（DSGE）方法。一般来说，DSGE方法主要研究经济在不确定的财政或经济等环境下的一般均衡问题。DSGE模型以一般均衡为理论依据，采用自下而上的方法，从微观层面考虑经济主体的行为决策构建方程，通过宏观加总方法，可实现微观经济分析和宏观经济分析的有机结合，解决传统经济模型不能兼顾微观和宏观分析的难题，保证了宏观经济分析和微观经济分析的一致性。DSGE模型也可通过对经济的长期均衡状态（稳态）和短期动态调整过程的刻画，保证长期分析和短期分析的有机结合。另外，DSGE模型考虑理性预期，区分了各经济主体的行为决策和随机因素冲击的设定与识别，使得政策分析的结果更加符合现实。DSGE主要采用最优控制理论，得出各经济主体在约束条件下效用最大时，相应经济变量的函数关系或其时间路径，通过改变模型方程中的变量来体现一种或多种随机因素的冲击，以便分析最优政策及比较多种政策的效果。

DSGE模型研究经济的基本步骤如下：

（1）建立模型方程。在资源约束、信息约束和技术约束等约束条件下，建立最优行为决策方程以准确刻画经济主体（生产者、消费者、政府等）在不同社会环境下的行为，同时考虑市场出清条件和加总方程，建立总体经济的目标方程。

（2）模型求解。根据最优控制理论和优化目标的函数形式，构建拉格朗日函数或哈密尔顿函数后，即可求得模型的欧拉方程。求得欧拉方程后，可对方程线性化，也可直接根据欧拉方程进行估计。

（3）根据模型求解的结果，分析随机因素冲击下各经济变量的变化关系，可以通过计算机编程获得数值和图像结果，也可根据公式之间的关系获得函数关系式。

5.1.2　DSGE基础理论模型

本书所建立的基于DSGE碳排放的财税政策模型主要基于Heutel（2012）中的社会决策者动态随机一般均衡模型。Heutel建立的模型为一个最优政策模型，社会决策者可以选择投资、减排和消费来使得效用最大化。政府可以通过制定财税政策来削弱污染外部性导致的效用降低，如加收碳税或交易碳排放配额。本章主要选择了征收碳税机制来模拟技术进步冲击对经济体的影响。

Heutel基本模型如式（5.1）所示：

$$
\begin{aligned}
& V(k_{t-1}, x_{t-1}, a_t) = \max_{z_t, i_t, c_t}[U(c_t) + \beta E_t V(k_t, x_t, a_{t+1})] \\
& \text{s.t} \quad c_t + i_t + z_t \leqslant y_t \\
& \qquad k_t = (1-\delta)k_{t-1} + i_t \\
& \qquad x_t = \eta x_{t-1} + e_t + e_t^{\text{row}} \\
& \qquad e_t = (1-\mu_t)h(y_t) \\
& \qquad z_t = g(\mu_t)y_t \\
& \qquad y_t = [1-d(x_t)]a_t f(k_{t-1})
\end{aligned} \tag{5.1}
$$

式中，运算符 E_t 为全要素生产率 a_{t+1} 在 t 阶段未来值的期望；β 为贴现率。

作为一个代表性自主体，能够通过消费获得效用 $U(c_t)$。在每个周期中，存在资源约束条件 $c_t + i_t + z_t \leqslant y_t$。经济体在全要素生产率或技术进步冲击为 a_t，上期资本为 k_{t-1} 且没有考虑污染时的潜在产出为 $a_t f(k_{t-1})$。然而，当期污染存量 x_t 会负面影响总产出 $y_t = [1-d(x_t)]a_t f(k_{t-1})$，$d(x)$ 是一个值域为 [0,1] 的递增函数污染存量 x_t 满足线性增长方程：$x_t = \eta x_{t-1} + e_t + e_t^{\text{row}}$；$e_t$ 为当期国内的污染排放量；e_t^{row} 为当期世界其他国家的污染排放量，政策决策者不能影响他国的排放量，但是可以通过控制自己国家的当期减排比例 μ_t 来控制国内的污染排放量 $e_t = (1-\mu_t)h(y_t)$，减排比例 μ_t 由减排成本与总产出之比决定 $z_t/y_t = g(\mu_t)$；$h(y)$ 衡量了污染排放量与总产出的关系，为递减函数，表明污染越多，用于生产的资源比例越少，总产出也就相应越少。技术冲击是一个马尔可夫过程，因此，全要素生产率 a_{t+1} 的可能性分布是 a_t 的函数，即自相关。

在第 t 期的开始阶段，上期的资本、污染存量以及当期的生产率是确定的，代表性主体在前文所述的约束条件下选择合适的减排，消费与投资使总预期贴现效用达到最大值。代表性主体当期的总预期贴现效用为当期通过消费获得的效用与后期的总效用的贴现效用之和。

接下来则可以根据最优控制原理，构建拉格朗日函数或者哈密尔顿函数，并对每个控制变量求偏导，经过变形化简可以求得稳态的欧拉方程以及稳态点附近的线性化方程。

5.1.3　DSGE 模型的 Uhlig 解法

动态随机一般均衡模型方程的解法发展至今已经较为完善，根据算法原理的不同主要分为两种：一种是基于贝尔曼方程和拉格朗日方程。基于贝尔曼方程的解法需要使用者自己证明在求解，其中，求解可以通过迭代法或者求欧拉方程。如果是基于拉格朗日方程的解法则可以直接求得欧拉方程。另一种求解方法则是线性化和非线性化解法。其中线性化解法有 B-K（Blanchard and Kahn，1980）算法、Sims（1989，1996）、Beetsma 和 Uhlig（1999）算法以及 Pincus（2000）算法，非线性算法主要分为投影法、迭代法和值函数法。DSGE 模型的线性化解法相对而言更加简单，可以通过计算机编程进行快速计算，使用较为广泛，本章则采用 Uhlig 的解法进行求解。

作为线性化解法的一种，Uhlig 解法在进行求解时，首先基于最优控制理论根据目标函数的不同形式构建朗格朗日函数或哈密尔顿函数。该函数对其自变量分别取偏导并化简后得到模型达到稳态后的方程。在稳态点对方程进行线性化后，将得到一个线性差分

方程组。任何一个线性差分方程组都可以表示为

$$\Phi(x_{t+1}, x_t) = B \tag{5.2}$$

式中，x_t, B 为 $n\times1$ 维的向量。

对于任意的 n 阶差分方程为

$$x_{t+1} = \lambda_1 x_t + \lambda_2 x_{t-1} + \cdots + \lambda_n x_{t-n+1} = \sum_{i=1}^{n} \lambda_i x_{t-i+1} \tag{5.3}$$

为了方便计算机编程，可以采用式（5.4）的矩阵形式表示：

$$[x_{t+1}] - [\lambda_1 \quad \lambda_2 \quad \cdots \quad \lambda_{n-1} \quad \lambda_n]\begin{bmatrix} x_t \\ x_{t-1} \\ \vdots \\ x_{t-n+1} \end{bmatrix} = 0 \tag{5.4}$$

则对于任意阶的线性方程组都可以采用式（5.5）的矩阵形式表示：

$$\begin{bmatrix} x_{t+1} \\ x_t \\ \vdots \\ x_{t-n+2} \end{bmatrix} - \begin{bmatrix} \lambda_1 & \lambda_2 & \cdots & \lambda_{n-1} & \lambda_n \\ 1 & 0 & \cdots & 0 & 0 \\ \vdots & \vdots & \ddots & \ddots & \vdots \\ 0 & 0 & \cdots & 1 & 0 \end{bmatrix}\begin{bmatrix} x_t \\ x_{t-1} \\ \vdots \\ x_{t-n+1} \end{bmatrix} = 0 \tag{5.5}$$

在稳态点附近对动态随意一般均衡模型的方程进行线性化后，即可得到一组线性化方程组，假设对模型线性化后得到的方程组的矩阵形式为式（5.6）～式（5.8）：

$$Ax_t + Bx_{t-1} + Cy_t + Dz_t = 0 \tag{5.6}$$

$$E_t(Fx_{t+1} + Gx_t + Hx_{t-1} + Jy_{t+1} + Ky_t + Lz_{t+1} + Mz_t) = 0 \tag{5.7}$$

$$z_{t+1} = Nz_t + \varepsilon_{t+1}，\ 且 E_t(\varepsilon_t) = 0 \tag{5.8}$$

需要注意的是，上述方程中的所有变量都为矩阵形式，且 x_t 为 $m\times1$ 维的内生状态变量，每一期的状态变量都能够反映经济系统的内部特性；y_t 为 $n\times1$ 维的其他内生变量；同时，所有的内生变量都根据模型中的关系式受到上一期的变量本身的影响；z_t 为 $k\times1$ 维的随机变量，也为外生变量，在模型中即表示技术冲击等随机因素。根据矩阵相乘计算原理可知：C 为 $n\times n$ 维的矩阵，保证了所要求解的自变量与方程个数相等，方程有解。N 为只有稳定的特征根的矩阵，即 N 矩阵的所有的特征根都为负的实数或者为具有负的实部的虚数。

假设状态变量 x_t 和内生变量 y_t 满足式（5.9）和式（5.10）：

$$x_t = \mathrm{PP}x_{t-1} + \mathrm{QQ}z_t \tag{5.9}$$

$$y_t = \mathrm{RR}x_{t-1} + \mathrm{SS}z_t \tag{5.10}$$

式（5.9）和式（5.10）两个方程描述了状态变量和内生变量的变化规律，式中，$\mathrm{PP}, \mathrm{QQ}, \mathrm{RR}, \mathrm{SS}$ 为待定的系数矩阵，可以通过求解获得。

将式（5.9）和式（5.10）代入式（5.6），可得式（5.11）：

$$\begin{aligned} & Ax_t + Bx_{t-1} + Cy_t + Dz_t \\ =& A(\mathrm{PP}x_{t-1} + \mathrm{QQ}z_t) + Bx_{t-1} + C(\mathrm{RR}x_{t-1} + \mathrm{SS}z_t) + Dz_t \\ =& (A\mathrm{PP} + C\mathrm{RR} + B)x_{t-1} + (A\mathrm{QQ} + C\mathrm{SS} + D)z_t \\ =& 0 \end{aligned} \tag{5.11}$$

式（5.11）对于任意的 x_{t-1}和z_t 都成立，由此可得式（5.12）～式（5.13）：

$$A\mathrm{PP} + C\mathrm{RR} + B = 0 \tag{5.12}$$

$$A\mathrm{QQ} + C\mathrm{SS} + D = 0 \tag{5.13}$$

则式（5.14）～式（5.15）成立：

$$-C^{-1}(A\mathrm{PP} + B) = \mathrm{RR} \tag{5.14}$$

$$-C^{-1}(A\mathrm{QQ} + D) = \mathrm{SS} \tag{5.15}$$

同理，将式（5.9）、式（5.10）和式（5.8）代入式（5.7），可得式（5.16）：

$$\begin{aligned} & E_t(Fx_{t+1} + Gx_t + Hx_{t-1} + Jy_{t+1} + Ky_t + Lz_{t+1} + Mz_t) \\ =& E_t[F(\mathrm{PP}x_t + \mathrm{QQ}z_{t+1}) + G(\mathrm{PP}x_{t-1} + \mathrm{QQ}z_t) + Hx_{t-1} + J(\mathrm{RR}x_t + \mathrm{SS}z_{t+1}) \\ & + K(\mathrm{RR}x_{t-1} + \mathrm{SS}z_t) + LNz_t + Mz_t] \\ =& E_t[F(\mathrm{PP}(\mathrm{PP}x_{t-1} + \mathrm{QQ}z_t) + \mathrm{QQ}z_{t+1}) + G(\mathrm{PP}x_{t-1} + \mathrm{QQ}z_t) + Hx_{t-1} \\ & + J(\mathrm{RR}(\mathrm{PP}x_{t-1} + \mathrm{QQ}z_t) + \mathrm{SS}z_{t+1}) + K(\mathrm{RR}x_{t-1} + \mathrm{SS}z_t) + LNz_t + Mz_t] \\ =& ((F\mathrm{PP} + J\mathrm{RR} + G)P + K\mathrm{RR} + H)x_{t-1} \\ & + ((F\mathrm{QQ} + J\mathrm{SS} + L)N + (F\mathrm{PP} + J\mathrm{RR} + G)Q + KS + M)z_t \\ =& 0 \end{aligned} \tag{5.16}$$

同样的，式（5.15）对于任意的 x_{t-1}和z_t 都成立，由此可得式（5.17）～式（5.18）：

$$(F\mathrm{PP} + J\mathrm{RR} + G)P + K\mathrm{RR} + H=0 \tag{5.17}$$

$$(F\mathrm{QQ} + J\mathrm{SS} + L)N + (F\mathrm{PP} + J\mathrm{RR} + G)Q + KS + M=0 \tag{5.18}$$

将式（5.14）和式（5.15）代入并将公式化简可得式（5.19）：

$$\begin{aligned} & (F - JC^{-1}A)\mathrm{QQ}N + (F\mathrm{PP} + J\mathrm{RR} + G - KC^{-1}A)\mathrm{QQ} \\ =& JC^{-1}D - L + KC^{-1}D - M \end{aligned} \tag{5.19}$$

同时，有式（5.20）成立：

$$\mathrm{vec}(ABC) = (C^{\mathrm{T}} \otimes A)\mathrm{vec}(B) \tag{5.20}$$

式中，vec 为阵列堆栈（张贤达，2004）；A,B,C都为矩阵；C^{T} 为矩阵 C 的转置；符号 $\otimes$ 为张量积。

对于任意的矩阵 $A(a_{ij})_{m,n}$和B,两者的张量积为式（5.21）：

$$A \otimes B = \begin{bmatrix} a_{11}B & a_{12}B & \cdots & a_{1n}B \\ a_{21}B & a_{22}B & \cdots & a_{2n}B \\ \vdots & \vdots & \ddots & \vdots \\ a_{m1}B & a_{m2}B & \cdots & a_{mn}B \end{bmatrix} \tag{5.21}$$

对式（5.19）两边进行阵列堆栈，得式（5.22）：

$$\begin{aligned}&\mathrm{vec}[(F-JC^{-1}A)\mathrm{QQ}N+(F\mathrm{PP}+J\mathrm{RR}+G-KC^{-1}A)\mathrm{QQ}]\\&=\mathrm{vec}[JC^{-1}D-L+KC^{-1}D-M]\end{aligned} \tag{5.22}$$

由张量积公式原理化简，可得式（5.23）：

$$\begin{aligned}&\left[N^{\mathrm{T}}\otimes(F-JC^{-1}A)+E\otimes(F\mathrm{PP}+J\mathrm{RR}+G-KC^{-1}A)\right]\mathrm{vec}(\mathrm{QQ})\\&=\mathrm{vec}(JC^{-1}D-L+KC^{-1}-M)\end{aligned} \tag{5.23}$$

式中，E 为单位矩阵。对任意矩阵 A 都有 $A=\mathrm{unvec}\left[\mathrm{vec}(A)\right]$。

由此可知，在已知矩阵 PP 的情况下，即可求得矩阵 $\mathrm{QQ},\mathrm{RR},\mathrm{SS}$。

将式（5.14）代入式（5.17），化简可得式（5.24）：

$$\begin{aligned}&(F\mathrm{PP}+J\mathrm{RR}+G)P+K\mathrm{RR}+H\\&=(F-JC^{-1}A)\mathrm{PP}^2-(JC^{-1}B-G+KC^{-1}A)\mathrm{PP}-KC^{-1}B+H\\&=0\end{aligned} \tag{5.24}$$

若令 $AA=F-JC^{-1}A, BB=JC^{-1}B-G+KC^{-1}A, CC=KC^{-1}B-H$，

则 DSGE 的 Uhlig 解法可表示为一个一元二次方程问题，且未知数为矩阵形式如式（5.25）所示：

$$AA\cdot\mathrm{PP}^2-BB\cdot\mathrm{PP}-CC=0 \tag{5.25}$$

设 PP 是可对角化的，即 $\mathrm{PP}=UVU^{-1}$，其中，U 为 P 的特征向量所构成的列向量矩阵；V 为 P 的与特征向量 U 所对应的特征值组成的对角矩阵，则有式（5.26）：

$$\begin{aligned}&AA\cdot(UVU^{-1})^2-BB\cdot(UVU^{-1})-CC=0\\&AA\cdot UV^2-BB\cdot UV-CCU=0\end{aligned} \tag{5.26}$$

等价于式（5.27）：

$$\lambda^2 AAx-\lambda BBx-CCx=0 \tag{5.27}$$

式中，λ 为 PP 的特征值；x 为 λ 对应的特征向量。

将式（5.26）以矩阵形式表示为式（5.28）：

$$\begin{bmatrix}BB & -CC\\ -E & 0\end{bmatrix}\begin{bmatrix}\lambda x\\ x\end{bmatrix}+\lambda\begin{bmatrix}AA & 0\\ 0 & E\end{bmatrix}\begin{bmatrix}\lambda x\\ x\end{bmatrix}=0 \tag{5.28}$$

由此可知，将 $\begin{bmatrix}\lambda x\\ x\end{bmatrix}$ 看成一个整体的未知数，且各系数矩阵已知，可以求得 $\begin{bmatrix}\lambda x\\ x\end{bmatrix}$，从而可以求出 PP，以此求得 $\mathrm{QQ},\mathrm{RR},\mathrm{SS}$。

以上即为 Uhlig 解法的精髓所在，也是本章进行计算机编写算法的原理。Uhlig 算法的最大优势就是可以通过区分内生变量与外生变量——内生变量包括内生状态变量和其他内生变量——使动态随机一般均衡模型能够根据状态变量等主要因素分析经济系统的变化情况，但是 Uhlig 解法的前提是对模型非线性化结构进行线性化，会对未来的政策模拟结果分析产生影响，其次，对于较为复杂的 DSGE 模型，线性化推导过程更为困难，对使用者数学推导能力要求过高。

5.1.4　小结

本章主要介绍了 DSGE 模型的基本原理，阐述了 DSGE 模型能够兼顾微观分析和宏观分析，区分经济长期均衡和短期调整状态的特点，并对采用 DSGE 模型进行经济分析的步骤作了简单叙述。本章的 DSGE 模型主要借鉴于 Heutel（2012）的理论模型，该模型考虑了污染对产出造成的损失影响，在资源约束等条件下社会决策者选择合适的减排，消费与投资使总预期贴现效用达到最大值。鉴于 DSGE 模型不同解法的应用性，本章采用 Beetsma 和 Uhlig（1999）的线性化解法，结合 Uhlig 解法的基本原理，对该解法的适用性及优缺点做了解释。

5.2　基于 DSGE 的碳排放的财税政策模拟模型

5.2.1　未征收碳税的动态随机一般均衡的理论模型

然而，Heutel 建立的理论模型没有体现劳动力对于产出的影响，没有考虑劳动力人口的波动，因此，本章在 Heutel 理论模型的基础上，考虑劳动力在整个模型体系中的作用，分别建立了未征收碳税和征收碳税的动态随机一般均衡模型。

在 Heutel 理论模型的基础上，考虑劳动力的作用，具体的理论模型修正过程如式（5.29）所示：

$$U(C_t)=\ln C_t + A\ln(1-L_t) \tag{5.29}$$

式中，C_t 为在 t 时期的消费量；L_t 为 t 时期时的劳动，且 $A>0$ 。

对于经济体而言，采用规模报酬不变的 *C-D* 生产函数，不考虑污染导致损失的潜在产出方程为

$$f(K_{t-1},L_t)=a_t K_{t-1}^{\alpha} L_t^{1-\alpha} \tag{5.30}$$

式中，K_{t-1} 为经济体投入生产的资本存量；a_t 为第 t 期时的随机技术冲击变量，该变量与 Heutel 理论模型中的假设一致，是一个马尔可夫过程，满足一阶自回归方程，其对数形式为式（5.31）：

$$\ln a_t = \rho \ln a_{t-1} + \varepsilon_t \tag{5.31}$$

式中，ρ 为技术冲击的一阶自相关系数；ε_t 为冲击标准差。

与 Heutel 理论模型不同的是，本章借鉴 Nordhaus（2008）的方法来计算考虑污染存量的损失影响函数方程为

$$Y_t=(1-d_0-d_1x_t-d_2x_t^2)f(K_{t-1},L_t) \tag{5.32}$$

式中，$d(x_t)=1-d_0-d_1x_t-d_2x_t^2$；$x_t$ 为在第 t 期时经济体的污染存量，与上一期的污染存量、国内碳排放量 e_t 以及世界其他国家的碳排放量 e_t^{row} 相关，如式（5.33）所示：

$$x_t=\eta x_{t-1}+e_t+e_t^{\text{row}} \tag{5.33}$$

式中，η 为碳的半衰期，国内碳排放量与总产出的关系满足式（5.34）：

$$e_t=(1-\mu_t)h(Y_t) \tag{5.34}$$

式中，μ_t 为碳减排率；$h(Y_t)=Y_t^{1-\gamma}$，$1-\gamma$ 为碳排放量与产出的回归系数。

减排率由减排成本与总产出的比例决定由式（5.35）表示：

$$Z_t=g(\mu_t)Y_t \tag{5.35}$$

式中，Z_t 为减排成本。借鉴 Nordhaus（2008）的设定，即

$$g(\mu_t)=\theta_1\mu_t^{\theta_2} \tag{5.36}$$

资源约束条件为

$$C_t+I_t+Z_t\leqslant Y_t \tag{5.37}$$

式中，I_t 为经济体在第 t 期时的投资，资本累计方程为

$$K_t=(1-\delta)K_{t-1}+I_t \tag{5.38}$$

式中，δ 为折旧率。

5.2.2　理论模型的建立与推导

Heutel 理论模型仅仅包含了消费者即居民的效用最大化问题，没有对企业和社会或政府的效用问题进行分析建模，因此，本章在 Heutel 理论模型的基础上，建立的未征收碳税的动态一般均衡模型包含了企业账户。

1）企业账户

企业在资源约束条件下，选择合适的资本报酬率来使得利润最大，即

$$\begin{aligned}&\max_{r_t}\pi_t\\ \text{s.t}\quad&\pi_t=Y_t-r_tK_{t-1}-Z_t-L_tW_t\\ &Y_t=(1-d_0-d_1x_t-d_2x_t^2)f(K_{t-1},L_t)\\ &f(K_{t-1},L_t)=a_tK_{t-1}^{\alpha}L_t^{1-\alpha}\\ &Z_t=g(\mu_t)Y_t\\ &g(\mu_t)=\theta_1\mu_t^{\theta_2}\end{aligned} \tag{5.39}$$

式中，W_t 为第 t 期的社会平均工资；r_t 为企业的资本报酬率。

企业的资本报酬率可以由企业利润公式对资本 K_{t-1} 求偏导，得到式（5.40）：

$$r_t=Y_t\frac{f'(K_{t-1},L_t)}{f(K_{t-1},L_t)}[1\text{-g}(\mu_t)] \tag{5.40}$$

2）居民账户

居民在资源约束的条件下，选择合适的消费量使得跨期贴现效用最大，即式（5.41）：

$$\max_{(K_t,x_t,C_t)}E_t\left[\sum\beta^t(U(C_t))\right] \tag{5.41}$$

式中，β 为贴现因子，可行性约束条件为式（5.42）：

$$C_t\leqslant r_tK_{t-1}+\pi_t+L_tW_t-I_t \tag{5.42}$$

根据最优控制原理，构建拉格朗日函数求该最优化问题。拉格朗日函数为式（5.43）：

$$\Phi = \max_{(K_t, x_t, C_t)_{t=0}^{\infty}} E_t \sum \beta^t (U(C_t) + \lambda_t [Y_t - (C_t + (K_t - (1-\delta)K_{t-1}) + Z_t)]) \tag{5.43}$$

求解过程如式（5.44）～式（5.47）：

$$\partial \Phi / \partial C_t = \frac{1}{C_t} - \lambda_t = 0 \tag{5.44}$$

$$\partial \Phi / \partial L_t = \frac{-A}{1-L_t} + \lambda_t \left[1 - \mathrm{g}(\mu_t)(1-\alpha)\frac{Y_t}{L_t} \right] = 0 \tag{5.45}$$

$$\begin{aligned}
&\partial \Phi / \partial K_t = -\lambda_t + \beta E_t \lambda_{t+1} (Y_{t+1}(1-\mathrm{g}(\mu_{t+1}))'_{k_t} + 1 - \delta) \\
&= -\lambda_t + \beta E_t \lambda_{t+1} ((1-d(x_{t+1}))a_{t+1} f'(K_t, L_{t+1})(1-\mathrm{g}(\mu_{t+1}) - Y_{t+1}\mathrm{g}'(\mu_{t+1})\frac{1-\mu_{t+1}}{h(Y_{t+1})}\mathrm{h}(Y_{t+1})') + 1 - \delta) \\
&= -\frac{1}{C_t} + \beta E_t C_{t+1} ((1-d(x_{t+1}))a_{t+1} f'(K_t, L_{t+1})(1-\mathrm{g}(\mu_{t+1}) - Y_{t+1}\mathrm{g}'(\mu_{t+1})\frac{1-\mu_{t+1}}{h(Y_{t+1})}\mathrm{h}(Y_{t+1})') + 1 - \delta) \\
&= -\frac{1}{C_t} + \beta E_t \frac{1}{C_{t+1}} (\frac{\alpha Y_{t+1}}{K_t}(1 - \theta_1 \mu^{\theta_2} - \theta_1 \theta_2 \mu^{\theta_2 - 1}(1-\gamma) e_{t+1} Y_{t+1}^{\gamma - 1}) + 1 - \delta) = 0
\end{aligned} \tag{5.46}$$

$$\begin{aligned}
&\partial \Phi / \partial x_t = \lambda_t \left[(Y_t)_x - (Z_t)_x \right] + \beta E_t \lambda_{t+1} (-Z_{t+1})_x \\
&= \lambda_t \left[-d'(x_t) a_t f(K_{t-1}, L_t)(1-\mathrm{g}(\mu_t)) + Y_t (1-\mathrm{g}(\mu_t))' \right] + \beta E_t \lambda_{t+1} (-Z_{t+1})_x \\
&= \lambda_t \left[(-d'(x_t) a_t f(K_{t-1}, L_t)(1-\theta_1 \mu^{\theta_2}) + Y_t (-\theta_1 \theta_2 \mu^{\theta_2 - 1})(\frac{Y_t^{1-\gamma} - e_t}{Y_t^{1-\gamma}})' \right] + \beta E_t \lambda_{t+1} (-Z_{t+1})_x
\end{aligned} \tag{5.47}$$

同时，$\mu_t = \dfrac{h(Y_t) - e_t}{h(Y_t)}$，则有式（5.48）、式（5.49）

$$\begin{aligned}
\left(\frac{Y_t^{1-\gamma} - e_t}{Y_t^{1-\gamma}} \right)' &= \frac{((1-\gamma)Y_t^{-\gamma} Y_t' - 1) Y_t^{1-\gamma} - (1-\gamma) Y_t^{-\gamma} Y_t' (Y_t^{1-\gamma} - e_t)}{(Y_t^{1-\gamma})^2} \\
&= \frac{-Y_t^{1-\gamma} + (1-\gamma) Y_t^{-\gamma} Y_t' e_t}{(Y_t^{1-\gamma})^2}
\end{aligned} \tag{5.48}$$

$$\beta E_t \lambda_{t+1} (-Z_{t+1})_x = -\beta E_t \lambda_{t+1} (\theta_1 u^{\theta_2} Y_{t+1})' = -\beta E_t \lambda_{t+1} \theta_1 \theta_2 u^{\theta_2 - 1} Y_{t+1} \left(\frac{\eta}{Y_{t+1}^{1-\gamma}} \right) \tag{5.49}$$

将式（5.21）和式（5.22）代入式（5.20）中，可推出式（5.50）：

$$\begin{aligned}
&\partial L / \partial x_t = \lambda_t \left[(Y_t)_x - (Z_t)_x \right] + \beta E_t \lambda_{t+1} (-Z_{t+1})_x \\
&= \lambda_t \left[-d'(x_t) a_t f(K_{t-1}, L_t)(1-\mathrm{g}(\mu_t)) + Y_t (1-\mathrm{g}(\mu_t))' \right] + \beta E_t \lambda_{t+1} (-Z_{t+1})_x \\
&= \lambda_t \left[-d'(x_t) a_t f(K_{t-1}, L_t)(1-\theta_1 \mu^{\theta_2}) + Y_t (-\theta_1 \theta_2 \mu^{\theta_2 - 1}) \right] \frac{-Y_t^{1-\gamma} + (1-\gamma) Y_t^{-\gamma} Y_t' e_t}{(Y_t^{1-\gamma})^2} \\
&\quad - \beta E_t \lambda_{t+1} \theta_1 \theta_2 \mu^{\theta_2 - 1} Y_{t+1} (\frac{\eta}{(Y_{t+1}^{1-\gamma})}) \\
&= \lambda_t \left[-(2d_2 x_t + d_1) a_t f(K_{t-1}, L_t)(1-\theta_1 \mu^{\theta_2}) \right] + \theta_1 \theta_2 \mu_t^{\theta_2 - 1} Y_t^{\gamma} \\
&\quad + \theta_1 \theta_2 \mu_t^{\theta_2 - 1} (1-\gamma) Y_t^{1-\gamma} e_t (2d_2 x_t + d_1) a_t f(K_{t-1}, L_t) - \beta E_t \lambda_{t+1} \eta \theta_1 \theta_2 \mu^{\theta_2 - 1} Y_{t+1}^{\gamma} = 0
\end{aligned} \tag{5.50}$$

5.2.3 理论模型方程的线性化

在求解前文的动态随机一般均衡模型时，本章采用待定系数法（Beetsma and Uhlig，1999）进行求解。因此，在求解之前，首先对模型中的方程进行线性化，一般的线性化选择对数线性化方法。理论模型会在某时刻达到均衡状态，$\hat{X}$ 表示变量 X 在均衡点附近的偏离百分比，对于所有的变量，没有时间下标表示为均衡时的值，线性化过程如式（5.51）～式（5.60）：

$$C\hat{C}_t + I\hat{I}_t + Z\hat{Z}_t - Y\hat{Y}_t = 0 \tag{5.51}$$

$$K\hat{K}_t - K(1-\delta)\hat{K}_{t-1} - I\hat{I}_t = 0 \tag{5.52}$$

$$\hat{x}_t - \eta\hat{x}_{t-1} - (1-\eta)\hat{e}_t = 0 \tag{5.53}$$

$$e\hat{e}_t - Y^{1-\gamma}(1-\gamma)\hat{Y}_t + \mu Y^{1-\gamma}(\hat{\mu}_t + (1-\gamma)\hat{Y}_t) = 0 \tag{5.54}$$

$$\hat{Z}_t - \theta_2\hat{\mu}_t - \hat{Y}_t = 0 \tag{5.55}$$

$$Y\hat{Y}_t - (1-d_0-d_1x-d_2x^2)K^{\alpha}L^{1-\alpha}\left[\hat{a}_t + \alpha\hat{K}_{t-1} + (1-\alpha)\hat{L}_t\right] + (2d_2x^2 + d_1x)K^{\alpha}L^{1-\alpha}\hat{x}_t = 0 \tag{5.56}$$

$$\begin{aligned}
&(1-\alpha)(1-L)(Y/L)(1-\theta_1\mu^{\theta_2})(\hat{Y}_t - \hat{C}_t - \hat{L}_t)\\
&+(1-\alpha)(-L)(Y/L)(1-\theta_1\mu^{\theta_2})\hat{L}_t + (1-\alpha)(1-L)(Y/L)(-\theta_1\theta_2\mu^{\theta_2})\hat{\mu}_t\\
&=(1-\alpha)(1-L)(Y/L)(1-\theta_1\mu^{\theta_2})(\hat{Y}_t - \hat{C}_t) - (1-\alpha)(Y/L)(1-\theta_1\mu^{\theta_2})\hat{L}_t\\
&+(1-\alpha)(1-L)(Y/L)(-\theta_1\theta_2\mu^{\theta_2})\hat{\mu}_t\\
&=(1-\theta_1\mu^{\theta_2})(\hat{Y}_t - \hat{C}_t) - (1-\theta_1\mu^{\theta_2})\hat{L}_t/(1-L) - \theta_1\theta_2\mu^{\theta_2}\hat{\mu}_t = 0
\end{aligned} \tag{5.57}$$

$$\begin{aligned}
&\hat{C}_t - \beta \mathrm{E}_t\hat{C}_{t+1}(\alpha YK^{-1}[1-\theta_1\mu^{\theta_2} - \theta_1\theta_2(1-\gamma)Y^{\gamma-1}\mu^{\theta_2-1}e] + 1 - \delta)\\
&+\beta \mathrm{E}_t(\alpha YK^{-1}[1-\theta_1\mu^{\theta_2} - \theta_1\theta_2(1-\gamma)Y^{\gamma-1}\mu^{\theta_2-1}e](\hat{Y}_{t+1} - \hat{K}_t))\\
&+\beta \mathrm{E}_t(\alpha YK^{-1}[-\theta_1\mu^{\theta_2}\theta_2\hat{\mu}_{t+1} - \theta_1\theta_2(1-\gamma)Y^{\gamma-1}\mu^{\theta_2-1}e((\gamma-1)\hat{Y}_{t+1}\\
&+(\theta_2-1)\hat{\mu}_{t+1} + \hat{e}_{t+1})]) = 0
\end{aligned} \tag{5.58}$$

$$\begin{aligned}
&-\hat{C}_t(-(1-\theta_1\mu^{\theta_2})(2d_2x + d_1)K^{\alpha}L^{1-\alpha} + \theta_1\theta_2Y^{\gamma}\mu^{\theta_2-1}\\
&+\theta_1\theta_2(1-\gamma)Y^{\gamma-1}\mu^{\theta_2-1}e(2d_2x + d_1)K^{\alpha}L^{1-\alpha}\\
&+\theta_1\mu^{\theta_2}(2d_2x + d_1)K^{\alpha}L^{1-\alpha}\theta_2\hat{\mu}_t + (-(1-\theta_1\mu^{\theta_2})2d_2xK^{\alpha}L^{1-\alpha})\hat{x}_t\\
&+(-(1-\theta_1\mu^{\theta_2})(2d_2x + d_1)K^{\alpha}L^{1-\alpha}(\hat{a}_t + \alpha\hat{K}_{t-1} + (1-\alpha)\hat{L}_t)\\
&+\theta_1\theta_2Y^{\gamma}\mu^{\theta_2-1}((\theta_2-1)\hat{\mu}_t + \gamma\hat{Y}_t)\\
&+\theta_1\theta_2(1-\gamma)Y^{\gamma-1}\mu^{\theta_2-1}e(2d_2x + d_1)K^{\alpha}L^{1-\alpha}((\gamma-1)\hat{Y}_t + (\theta_2-1)\hat{\mu}_t\\
&+\hat{e}_t + \hat{a}_t + \alpha\hat{K}_{t-1} + (1-\alpha)\hat{L}_t)\\
&+\theta_1\theta_2(1-\gamma)Y^{\gamma-1}\mu^{\theta_2-1}e(2d_2x)K^{\alpha}L^{1-\alpha}\hat{x}_t\\
&-\beta\theta_1\theta_2\eta Y^{\gamma}\mu^{\theta_2-1}E_t(-\hat{C}_{t+1} + \gamma\hat{Y}_{t+1t} + (\theta_2-1)\hat{\mu}_{t+1}) = 0
\end{aligned} \tag{5.59}$$

$$\hat{a}_t - \hat{\rho}a_{t-1} = \varepsilon_t \tag{5.60}$$

5.2.4　征收碳税的动态随机一般均衡的理论模型

征收碳税的动态随机一般均衡模型在考虑劳动力就业的基础上，建立了包含企业账户、居民账户和政府账户在内的三层模型。政府在征收碳税时，只会向企业收税而不会向居民收税，因此，企业要使得自身预期利润最大时，要考虑征收碳税的成本；居民的最优化问题仍然是使自己的跨期效用最大；而政府在征收碳税后，要在企业利润最大和居民跨期效用最大的前提下，制定一条最优的碳税征收路径来使得社会福利最大化。征收碳税的 DSGE 模型中的各个变量，如果没有特别注明，均和未征收碳税的 DSGE 模型中的变量含义相同。

1. 理论模型的建立与推导

1）企业账户

企业在考虑碳减排成本的条件下，选择合适的资本报酬率来使得自己的利润最大，即式（5.61）：

$$\begin{aligned}
&\max_{\tau_t, r_t} \pi_t \\
&\text{s.t}\quad \pi_t = Y_t - \tau_t e_t - \mathrm{r}_t K_{t-1} - Z_t - L_t W_t \\
&Y_t = (1 - d_0 - d_1 x_t - d_2 x_t^2) a_t K_{t-1}^{\alpha} L_t^{1-\alpha} \\
&e_t = (1 - \mu_t)\ h(Y_t) \\
&f(K_{t-1}, L_t) = a_t K_{t-1}^{\alpha} L_t^{1-\alpha} \\
&Z_t = g(\mu_t)\ Y_t \\
&g(\mu_t) = \theta_1 {\mu_t}^{\theta_2} \\
&h(Y_t) = Y_t^{1-\gamma}
\end{aligned} \tag{5.61}$$

式中，τ_t 为政府向企业征收的碳税。

企业利润关于资本 K_{t-1} 和减排率 μ_t 求偏导，得式（5.62）、式（5.63）：

$$r_t = Y_t \frac{f'(K_{t-1}, L_t)}{f(K_{t-1}, L_t)} [1 - \tau_t (1 - \mu_t) h'(Y_t) - \mathrm{g}(\mu_t)] \tag{5.62}$$

$$\tau_t h'(Y_t) = Y_t \mathrm{g}'(\mu_t) \tag{5.63}$$

2）居民账户

居民在政府向企业征收碳税的前提下，选择合适的消费使得跨期贴现效用最大，即式（5.64）：

$$\begin{aligned}
&\max_{(K_t, x_t, C_t)_{t=0}^{\infty}} E_t \left[\sum (U(C_t)) \right] \\
&\text{s.t}\quad C_t \leqslant \tau_t e_t + r_t K_{t-1} + \pi_t + L_t W_t - I_t \\
&K_t = (1 - \delta) K_{t-1} + I_t \\
&e_t = (1 - \mu_t)\ h(Y_t) \\
&U(C_t) = \ln C_t + A \ln (1 - L_t)
\end{aligned} \tag{5.64}$$

在上述约束条件下，消费者选择合适的消费使得个人效用最大，消费的最优路径方程为式（5.65）：

$$-U'(C_t)+\beta E_t U'(C_{t+1})[r_{t+1}+(1-\delta)]=0 \tag{5.65}$$

3）政府账户

政府在企业利润最大和居民跨期贴现消费效用最大的前提下，选择最优碳税征收的时间路径，使得社会福利最大，即式（5.66）：

$$\begin{aligned}
&\max_{(K_t,x_t,\tau_t)_{t=0}^{\infty}} E_t\left[\sum \beta^t U(C_t)\right] \\
&\text{s.t}\quad r_t=Y_t\frac{f'(K_{t-1},L_t)}{f(K_{t-1},L_t)}[1-\tau_t(1-\mu_t)h'(Y_t)-g(\mu_t)] \\
&\tau_t h'(Y_t)=Y_t g'(\mu_t) \\
&-U'(C_t)+\beta E_t U'(C_{t+1})[r_{t+1}+(1-\delta)]=0 \\
&C_t+I_t+Z_t\leqslant Y_t \\
&K_t=(1-\delta)K_{t-1}+I_t \\
&x_t=\eta x_{t-1}+e_t+e_t^{\text{row}} \\
&Y_t=(1-d_0-d_1x_t-d_2x_t^2)a_tK_{t-1}^{\alpha}L_t^{1-\alpha} \\
&e_t=(1-\mu_t)\ h(Y_t) \\
&f(K_{t-1},L_t)=K_{t-1}^{\alpha}L_t^{1-\alpha} \\
&Z_t=g(\mu_t)\ Y_t \\
&g(\mu_t)=\theta_1\mu^{\theta_2} \\
&h(Y_t)=Y_t^{1-\gamma}
\end{aligned} \tag{5.66}$$

根据最优控制原理，要构建拉格朗日函数求解该最优化问题。拉格朗日函数为式(5.67)：

$$\Theta=\max E_t\sum\begin{aligned}
&\beta^t[U(Y_t-K_t+(1-\delta)K_{t-1})-Z_t,l_t) \\
&+\lambda_t[-U'(Y_t-K_t+(1-\delta)K_{t-1})-Z_t)] \\
&\beta E_t(U'(Y_{t+1}-K_{t+1}+(1-\delta)K_t)-Z_{t+1})((r_{t+1}+1-\delta)] \\
&+\xi_t[x_t-\eta x_{t-1}-e_t+e_t^{\text{row}}]+\chi_t[Y_t-(1-d_0-d_1x_t-d_2x_t^2)a_tK_{t-1}^{\alpha}L_t^{1-\alpha}]
\end{aligned} \tag{5.67}$$

该函数对各个变量求偏导，得式（5.68）～式（5.72）：

$$\frac{\partial\Theta}{\partial L_t}=\frac{-A}{1-L_t}-\chi_t\frac{Y_t}{L_t}(1-\alpha)=0 \tag{5.68}$$

$$\begin{aligned}
&\frac{\partial\Theta}{\partial\tau_t}=-U'(C_t)Z_\tau(\tau_t,Y_t)+\lambda_t U''(C_t)Z_\tau(\tau_t,Y_t)+ \\
&\lambda_{t-1}\beta E_t(U''(C_t)(-Z_\tau(\tau_t,Y_t)(r_\tau(\tau_t,Y_t,K_{t-1})+ \\
&1-\delta)+U'(C_t)r_\tau(\tau_t,Y_t,K_{t-1})))+\xi_t(-e_\tau(\tau_t,Y_t))=0
\end{aligned} \tag{5.69}$$

$$\frac{\partial\Theta}{\partial x_t}=\xi_t-\eta\beta\xi_{t+1}-\chi_t a_t f(K_{t-1},L_t)d'(x_t)=0 \tag{5.70}$$

$$\frac{\partial \Theta}{\partial Y_t} = U'(C_t)(1-Z_Y(\tau_t,Y_t)) + \lambda_t(-U''(C_t)(1-Z_Y(\tau_t,Y_t)) + \lambda_{t-1}(U''(C_t)(1-Z_Y(\tau_t,Y_t))(r_Y(\tau_t,Y_t,K_{t-1})+1-\delta) + U'(C_t)r_Y(\tau_t,Y_t,K_{t-1})) + \xi_t(-e_\tau(\tau_t,Y_t)) + \chi_t = 0 \tag{5.71}$$

$$\frac{\partial \Theta}{\partial K_t} = -U'(C_t) + \beta U'(C_{t+1})(1-\delta) + \lambda_{t+1}(-U''(C_{t+1})(1-\delta)\beta) + \lambda_t(U''(C_t) + \beta U''(C_{t+1})(1-\delta)(r_{t+1}+1-\delta) + \beta U'(C_{t+1})(r_k(\tau_{t+1},Y_{t+1},K_t)) + \lambda_{t-1}(-U''(C_t)(r_t+1-\delta)) - \chi_{t+1}\beta(1-d(x_{t+1})a_{t+1}f'(K_t,L_{t+1}) = 0 \tag{5.72}$$

2. 理论模型方程的线性化

在求解前文的动态随机一般均衡模型时，本章采用待定系数法（Beetsma and Uhlig，1999）进行求解。因此，在求解之前，首先对模型中的方程进行线性化，一般的线性化选择对数线性化方法。理论模型会在某时刻达到均衡状态， 表示变量在均衡点附近的偏离百分比，对于所有的变量，没有时间下标表示为均衡时的值，线性化过程如下式（5.73）～式（5.85）：

$$C\hat{C}_t + I\hat{I}_t + Z\hat{Z}_t - Y\hat{Y}_t = 0 \tag{5.73}$$

$$K\hat{K}_t - K(1-\delta)\hat{K}_{t-1} - I\hat{I}_t = 0 \tag{5.74}$$

$$\hat{x}_t - \eta\hat{x}_{t-1} - (1-\eta)\hat{e}_t = 0 \tag{5.75}$$

$$e\hat{e}_t - Y^{1-\gamma}(1-\gamma)\hat{Y}_t + \mu Y^{1-\gamma}(\hat{\mu}_t + (1-\gamma)\hat{Y}_t) = 0 \tag{5.76}$$

$$\hat{Z}_t - \theta_2\hat{\mu}_t - \hat{Y}_t = 0 \tag{5.77}$$

$$Y\hat{Y}_t - (1-d_0-d_1x-d_2x^2)K^\alpha L^{1-\alpha}(\hat{a}_t + \alpha\hat{K}_{t-1} + (1-\alpha)\hat{L}_t) + (2d_2x^2 + d_1x)K^\alpha L^{1-\alpha}\hat{x}_t = 0 \tag{5.78}$$

$$\frac{\hat{L}_t}{1-L} - \hat{Y}_t - \hat{\chi}_t = 0 \tag{5.79}$$

$$\theta_1\mu^{\theta_2-1}\left[(\theta_2-1)\hat{\mu}_t - \hat{\tau}_t + \gamma\hat{Y}_t\right] = 0 \tag{5.80}$$

$$\frac{\alpha Y}{K}\left[(\mu-1)IY^{-\gamma}\hat{I}_t + (\mu-1)\gamma IY^{-\gamma}\hat{Y}_t + (\mu i I Y^{-\gamma} - \theta_1\theta_2\mu^{\theta_2})\hat{u}_t\right] + (\hat{Y}_t - \hat{K}_{t-1})r - r\hat{r}_t = 0 \tag{5.81}$$

$$\frac{\theta_2}{(\theta_2-1)}\frac{Z}{\tau C}(\hat{Z}_t - \hat{C}_t - \hat{\tau}_t) + \lambda\frac{-1}{C^2}\frac{\theta_2}{(\theta_2-1)}\frac{Z}{\tau}(\hat{\lambda}_t + \hat{Z}_t - 2\hat{C}_t - \hat{\tau}_t) + \lambda\frac{-1}{C^2}\frac{\theta_2}{(\theta_2-1)}\frac{Z}{\tau}r(\hat{\lambda}_{t-1} + \hat{Z}_t - 2\hat{C}_t - \hat{\tau}_t - \hat{r}_t) + \lambda\frac{-1}{C^2}\frac{\theta_2}{(\theta_2-1)}\frac{Z}{\tau}(1-\delta)(\hat{\lambda}_{t-1} + \hat{Z}_t - 2\hat{C}_t - \hat{\tau}_t) - \frac{1}{C}\alpha(1-\gamma)Y^{1-\gamma}K^{-1}((1-\gamma)\hat{Y}_t - \hat{C}_t - \hat{K}_{t-1}) + \frac{1}{C}\alpha(1-\gamma)Y^{1-\gamma}K^{-1}(1+\frac{1}{\theta_2-1})\mu(\hat{\mu}_t(1-\gamma)\hat{Y}_t - \hat{C}_t - \hat{K}_{t-1}) - \tag{5.82}$$

$$
\begin{aligned}
&\frac{1}{c}\alpha YK^{-1}\frac{\theta_1\theta_2}{\theta_2-1}\mu^{\theta_2}\tau^{-1}(\hat{Y}_t+\theta_2\hat{\mu}_t-\hat{C}_t-\hat{K}_{t-1}-\hat{\tau}_t)+\\
&\xi\frac{1}{\theta_2-1}Y^{1-\gamma}\mu\tau^{-1}(\hat{\xi}_t+(1-\gamma)\hat{Y}_t+\hat{\mu}_t-\hat{\tau}_t)=0
\end{aligned}
$$

$$
\begin{aligned}
&\xi\hat{\xi}_t-\eta\beta\xi E\hat{\xi}_{t+1}-\chi aK^{\alpha}L^{1-\alpha}\left[\hat{\chi}_t+\hat{a}_t+\alpha\hat{K}_{t-1}+(1-\alpha)\hat{L}_t\right](2d_2x+d_1)+\\
&\chi aK^{\alpha}L^{1-\alpha}(2d_2x)\hat{x}_t=0
\end{aligned}
\tag{5.83}
$$

$$
\begin{aligned}
&\frac{-1}{C}\hat{C}_t-\frac{\theta_2(1-\gamma)-1}{(\theta_2-1)}\frac{Z}{YC}(\hat{Z}_t-\hat{C}_t-\hat{Y}_t)+\frac{\lambda}{C^2}(\hat{\lambda}_t-2\hat{C}_t)-\\
&\frac{\theta_2(1-\gamma)-1}{(\theta_2-1)}\frac{\lambda Z}{YC^2}(\hat{\lambda}_t+\hat{Z}_t-2\hat{C}_t-\hat{Y}_t)-\frac{\lambda r}{C^2}(\hat{\lambda}_{t-1}-2\hat{C}_t+\hat{r}_t)-\\
&\frac{\theta_2(1-\gamma)-1}{(\theta_2-1)}\frac{\lambda rZ}{YC^2}(\hat{\lambda}_{t-1}+\hat{Z}_t+\hat{r}_t-2\hat{C}_t-\hat{Y}_t)+(1-\delta)\frac{-\lambda}{C^2}(\hat{\lambda}_{t-1}-2\hat{C}_t)\\
&+(1-\delta)\frac{\theta_2(1-\gamma)-1}{(\theta_2-1)}\frac{\lambda Z}{YC^2}(\hat{\lambda}_{t-1}+\hat{Z}_t-2\hat{C}_t-\hat{Y}_t)+\frac{\alpha}{ck}(-\hat{C}_t-\hat{K}_{t-1})-\\
&\alpha(1-\gamma)^2\tau Y^{-\gamma}(KC)^{-1}(\hat{\tau}_t-\gamma\hat{Y}_t-\hat{C}_t-\hat{K}_{t-1})-\\
&\alpha(1-\gamma)(1-\gamma-\frac{\gamma}{\theta_2-1})\tau\mu Y^{-\gamma}(KC)^{-1}(\hat{\tau}_t+\hat{\mu}_t-\gamma\hat{Y}_t-\hat{C}_t-\hat{K}_{t-1})-\\
&\alpha\theta_1(1-\frac{\theta_2\gamma}{\theta_2-1})\mu^{\theta_2}(KC)^{-1}(\theta_2\hat{\mu}_t-\hat{C}_t-\hat{K}_{t-1})-\\
&(1-\gamma)\xi Y^{-\gamma}(\hat{\xi}_t-\gamma\hat{Y}_t)+(1-\gamma-\frac{\gamma}{\theta_2-1})(\hat{\xi}_t+\hat{\mu}_t-\gamma\hat{Y}_t)+\chi\hat{\chi}_t=0
\end{aligned}
\tag{5.84}
$$

$$
\begin{aligned}
&C^{-1}\hat{C}_t-\frac{\beta\lambda(1-\delta)}{C}(\hat{C}_{t+1})+\frac{\beta\lambda(1-\delta)}{C^2}(\hat{\lambda}_{t+1}-2\hat{C}_{t+1})-\frac{\lambda}{C^2}(\hat{\lambda}_t-2\hat{C}_t)-\\
&\frac{\beta\lambda(1-\delta)r}{C^2}(\hat{\lambda}_t-2\hat{C}_{t+1}+\hat{r}_{t+1})-\frac{\beta\lambda(1-\delta)^2}{C^2}(\hat{\lambda}_t-2\hat{C}_{t+1})-\frac{\beta\alpha}{CK^2}(\hat{Y}_{t+1}-\hat{C}_{t+1}-2\hat{K}_t)+\\
&\frac{\beta\alpha(1-\gamma)Y^{1-\gamma}}{CK^2}\left[(1-\gamma)\hat{Y}_{t+1}-\hat{C}_{t+1}-2\hat{K}_t\right]+\frac{\beta\alpha(1-\gamma)\alpha\tau Y^{1-\gamma}}{K^2}\\
&\left[\hat{\tau}_t+\hat{\mu}_{t+1}+(1-\gamma)\hat{Y}_{t+1}-\hat{C}_{t+1}-2\hat{K}_t\right]+\\
&\frac{\beta\alpha\theta_1Y\mu^{\theta_2}}{CK^2}(\hat{Y}_{t+1}+\theta_2\hat{\mu}_{t+1}-\hat{C}_{t+1}-2\hat{K}_t)+\frac{\lambda r}{C^2}(\hat{\lambda}_{t-1}-2\hat{C}_t+\hat{r}_t)+\frac{\lambda(1-\delta)}{C^2}(\hat{\lambda}_{t-1}-2\hat{C}_t)-\\
&\frac{\chi\beta\alpha Y}{K}(\hat{\chi}_{t+1}+\hat{Y}_{t+1}-\hat{K}_t)=0
\end{aligned}
\tag{5.85}
$$

5.2.5　理论模型的参数估计与校准

对于任何建立的理论模型，利用实际数据进行参数的估计与校准是准确模拟的前提。理论模型中某些参数，由于区域或时间的不同而有不同的取值，需要根据模型应用的不同情况而单独进行参数估计与校准。本章根据已建立的 *C-D* 生产函数，对资本产出弹性值 α 进行估计校准。方法如下：

生产函数为式（5.86）：

$$Y = f(K,L) = aK^{\alpha}L^{1-\alpha} \tag{5.86}$$

对该生产函数变形并对数化，得式（5.87）：

$$\ln(Y/L) = \ln a + \alpha \ln (K/L) \tag{5.87}$$

式中，Y/L 为人均产出，对应统计数据的人均 GDP；K/L 为人均资本存量。可由统计数据直接获得。通过上述公式，根据 1952～2010 年的中国人均 GDP 和人均资本存量（以 1952 年为价格基期）的统计数据进行线性回归，计算得出资本产出弹性 α 的值为 0.7841。具体结果如表 5.1 所示。

表 5.1　资本产出弹性估算结果

变量	系数	t 统计量	P 值
ln（K/L）	0.7841	35.6319	0.0000
C	1.8195	11.3692	0.0000
R^2	0.9347	Log likelihood	13.5892
F-statistic	1276.5837	Prob（F-statistic）	0.0000

索洛剩余是指除了由投资和劳动力投资贡献外，由综合要素生产率带来的产出的增长。本章将索洛剩余作为技术进步的冲击，根据技术进步冲击的方程式（5.88）：

$$\ln a_t = \rho \ln a_{t-1} + \varepsilon_t \tag{5.88}$$

由最小二乘法得出一阶自相关系数 ρ 的取值为 0.7936，技术进步冲击的标准差 ε 取值为 0.0623，具体结果如表 5.2 所示。

表 5.2　技术进步冲击各参数估算结果

变量	系数	t 统计量	P 值
C	1.5368	17.3853	0.0000
AR（1）	0.7936	23.7284	0.0000
R^2	0.8372	Log likelihood	83.3681
F-statistic	435.3729	P 值（F-statistic）	0.0000

理论模型中其他参数，取值并不会因为区域或时间跨度有很大的改变。对于这类参数，本章通过多种文献的查找与对比，选择合适的参数取值。理论模型中的主观贴现因子 β，本章采用 Fuentes-Albero 等（2009）的年度主观贴现因子取值：$\beta = 0.95$。资本折旧率借鉴了张军等（2004）的资本折旧率取值：$\delta = 0.096$。本章建立的考虑污染导致的损失函数引用了 Nordhaus（2008）的研究，因此，生产函数的损失函数中的各个参数值也以 Nordhaus（2008）的取值为准，d_0 为 1.395×10^{-3}，d_1 为 -6.672×10^{-6}，d_3 为 1.465×10^{-8}。减排比例 $g(\mu_t) = \theta_1\mu_t^{\theta_2}$ 中的参数 θ_1 为 0.05607，θ_2 为 2.8。。根据 1995～2010 年中国各省份的碳排量数据与中国 GDP 数据，由方程 $h(y_t) = y_t^{1-\gamma}$ 进行回归分析，计算得出碳排放量

与产出的回归系数$1-\gamma=0.8438$，估算结果如表 5.3 所示。碳的半衰期采用 Hutchings 等（1992）设定的 83 年的半衰期η为0.99。

表 5.3　碳排放量与产出的估算结果

变量	系数	t 统计量	P 值
C	2.3618	24.5264	0.0000
LNGDP	0.8734	76.2847	0.0000
R^2	0.8927	Log likelihood	438.1702
F-statistic	327.0319	P 值（F-statistic）	0.0000

5.3　本章小结

本章在 Heutel（2009）理论模型的基础上，考虑劳动力就业的波动和污染的外部性，分别构建了基于动态随机一般均衡的碳排放的财税政策模拟模型，用于分析经济体在技术进步为常态时，征收碳税前后各个经济指标与污染指标变化情况的差异。构建好碳减排财税政策模拟模型后，根据动态随机一般均衡的待定系数法（Beetsma and Uhlig，1999）的解法要求，基于最优控制原理，分别对两个模型构建朗格朗日放函数进行优化求解，并在稳态点附近对模型中的方程进行线性化，为后期的算法编写做好准备工作。最后，通过对模型中公式的变形化简，将模型中的变量转化为与实际统计中对应的变量以实现参数的估计与校准。

第 6 章　技术进步下不同碳税政策对经济增长的影响模拟

本章应用开发出的 DSGE 政策模拟系统，分析具体的政策的模拟。作为 DSGE 的主要研究应用，在技术进步冲击下，不同碳税征收政策的阶跃冲击对中国经济增长所产生的影响是本章研究的重点。这是因为技术进步贯穿经济发展的整个过程，也是本章推崇的碳减排的有效辅助策略，是碳减排的常态。

在进行未征收碳税和征收碳税情景对比分析时，首要前提就是两个模型都进行了减排控制，且减排率相同。通过是否征收碳税情景的对比分析，可以获得征收碳税对中国如投资、产出、消费、就业率等经济指标和碳排放量、减排成本等污染指标的影响程度，为中国的环境政策制定提供参考信息，确保在经济平稳增长的同时，还要控制碳排量的增长。

6.1　碳排放量响应碳税政策冲击

对经济体征收碳税，目的就是为了降低碳排放量，因此，碳排放量的变化是本系统进行政策模拟时的首要观测对象。对未征收碳税时的碳排放量进行政策模拟，是为了观察政府没有制定相关碳减排政策时，碳排放量在技术冲击下如何变化，经济体是否能够自主减排。对征收碳税后的碳排放量进行政策模拟，与未征收碳税情景进行比较，可以突出碳税政策在控制碳排放量方面的高效性。在模型中，碳排放量与社会产出有关，产出越多，碳排放量越多。

在技术进步影响下，经济体没有征收碳税时，如图 6.1 所示，碳排放量的增长率一直为正，且随着时间的推移而逐渐趋于稳定。由产出响应碳税政策冲击分析可知，未征收碳税时，产出的增长率为逐渐上升最后趋于稳定。由于没有碳税的作用，经济体在增加产出时没有主动考虑低碳技术，产出的增加也导致了碳排放量的增加。技术进步的作用随时间推移而减弱后，产出的增长率趋于稳定，碳排放量也随之趋于稳定。总体而言，经济体不考虑减排措施时，碳排放量将一直保持着增长趋势，减排工作势在必行。

在技术进步影响下，对经济体征收碳税时，如图 6.2 所示，碳排放量对碳税政策敏感，初期的碳排放量立刻降低。虽然由产出响应碳税政策冲击分析可知，征收碳税后，初期的产出增加。但是由于经济体中企业的生产技术落后，面对碳税刺激和技术进步的冲击后，改进生产技术效果显著，碳排放量不增反降。而随着低碳技术的应用趋于饱和，技术冲击的效果减弱，碳排放量在碳税和技术进步的共同作用下收敛至稳态。

由此可知，放任经济体自由发展只会导致碳排放量的增加，政府必须制定合理的碳减排政策来降低碳排放量的增加。其中，征收碳税这一政策降低碳排放量效果明显，与技术创新政策协调作用，可以有效控制碳排放量的增加。

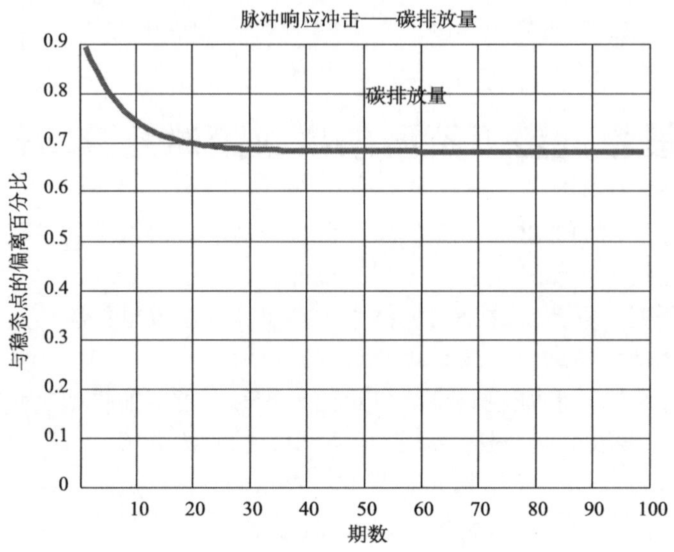

图 6.1　未征收碳税时碳排放量变化情况

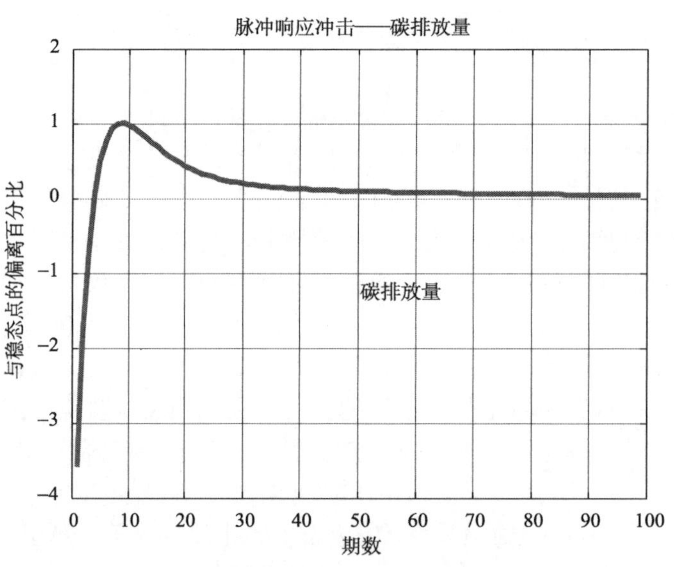

图 6.2　征收碳税时碳排放量变化情况

6.2　减排成本响应碳税政策冲击

减排成本与碳排放量息息相关，反映了进行碳减排时经济体所承受的负担和损失。碳排放量越多，造成的环境问题越严重，治理成本也更高。一般而言，发达国家的单位减排成本要高于发展中国家，这是由于发达国家生产技术先进，可进行升级空间小，要减排一单位的碳排放量需要投入更多的资源，发展中国家则可以吸收利用技术进步的成果，提高生产技术，较容易地实现碳排放量的减少。通过对经济体中减排成本响应技术冲击的模拟，可以观测经济体在征收碳税前后减排成本的变化区别，分析碳税机制对减排成本增长的有效抑制。在模型中，减排成本与减排率有关，减排率越高，减排成本越高。

在技术进步影响下，经济体未征收碳税时，如图 6.3 所示，减排成本一直呈增加趋势。这说明经济体的减排成本会逐年增加，这也与碳排放量响应碳税政策冲击分析中碳排放量的增长趋势一致。现今社会存在的“先发展后治理”原则下的发展策略只会导致环境治理的成本更大，“预防为主，综合治理”应该成为处理环境问题的主要方针。

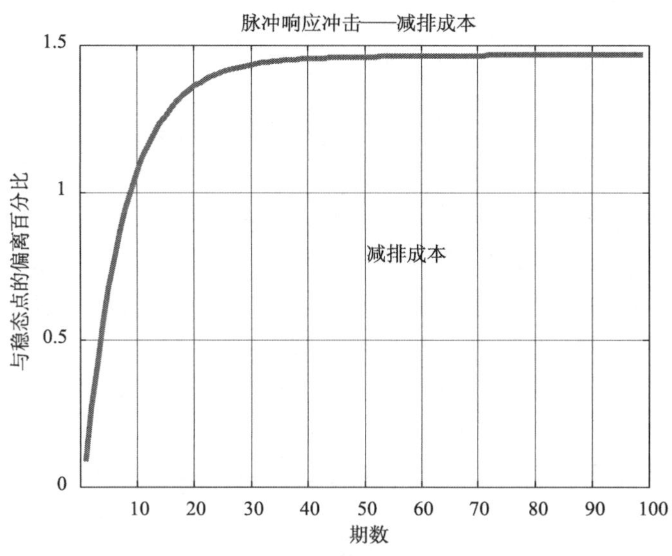

图 6.3　未征收碳税时减排成本变化情况

在技术进步影响下，经济体征收碳税时，如图 6.4 所示，企业的减排成本明显增加，但是减排成本的增长率下降速度很快，最终维持稳态不再大幅波动。这是由于经济体刚

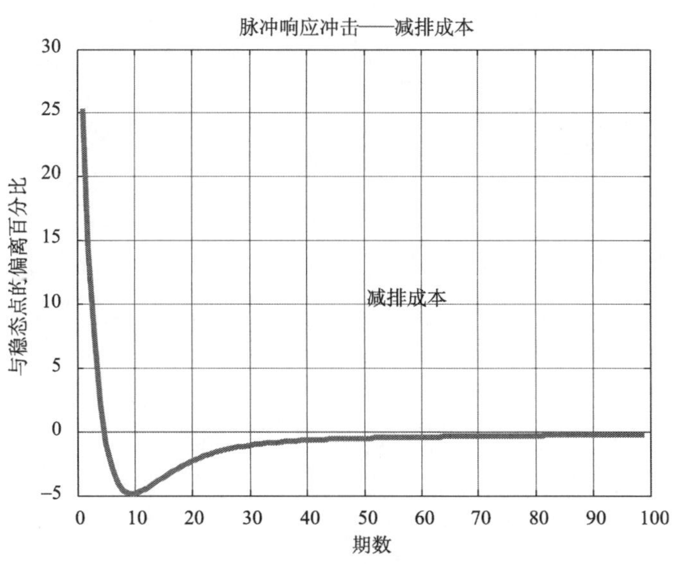

图 6.4　征收碳税时减排成本变化情况

征收碳税时，部分企业需要更换碳排放量更低的设备，且由资本响应技术冲击分析中可知，部分企业则在技术更新中破产以致被市场淘汰，这两者导致了整个经济体减排成本的增加。但是经济体中的企业吸收了新的生产技术后，技术进步对生产的推动作用大于碳税的作用，减排成本增加放缓，最终趋于稳定。

由此可知，未征收碳税时，经济体没有碳减排政策刺激时，减排成本与碳排放量保持同样的逐年增长趋势，政府必须提早采取措施遏制两者的增长势头；征收碳税后，企业在市场竞争的作用下会主动需求生产技术的改革降低减排成本，政府在制定碳减排政策时可以从调动企业自助减排积极性入手。

6.3　投资响应碳税政策冲击

每个社会政策的制定与实施，都是为了让社会能更加平稳快速地发展。征收碳税政策，不仅对经济体碳排放量的变化产生影响，更是从各方面对经济体的经济产生深远影响。因此在进行政策模拟时，不仅要对碳排放量的变化进行分析，更要对多个经济变量进行分析，观测该政策对经济的影响以评估政策可行性。

一个经济体中的投资与该经济体的活力息息相关，经济体中投资的变化也体现了社会对经济的信心变化，投资增加则表明社会对经济增长具有信心。通过对经济体在征收碳税前后投资响应碳税政策冲击的模拟，可以分析碳税政策下社会对经济体投资信心的变化。

在技术进步影响下，经济体未征收碳税时，如图 6.5 可知，投资一直处于增长的状态。在冲击刚开始的一段时期内，技术进步对投资的正向影响作用随着时间的推移而逐渐减弱，最终，投资的增长率在技术进步的影响下保持一个稳定的正值，经济体源源不断得到新的投资。

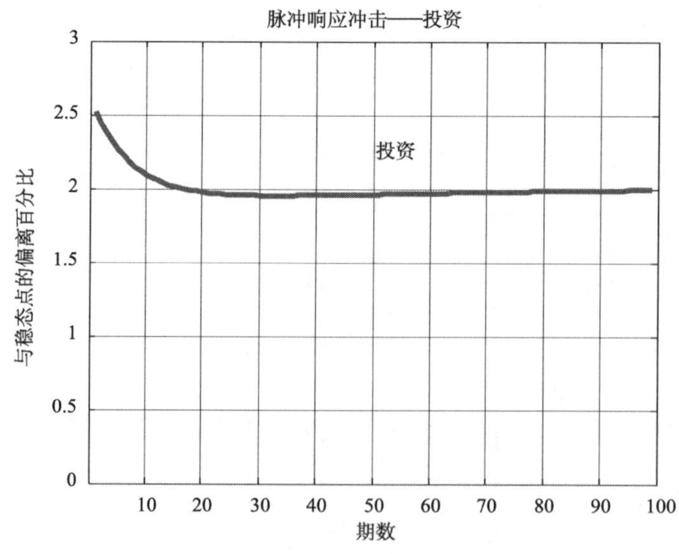

图 6.5　未征收碳税时投资变化情况

在技术进步影响下，经济体征收碳税时，如图 6.6 可知，初期会拥有比未征收碳税时更高的投资增长率。这是由于在碳税征收前期，企业会在碳税的刺激下加大投资用于生产或改进技术设备，但是由于碳税和技术改进长期性以及技术改进后效益的延时性，投资热潮被抑制，投资方向也渐渐由盲目投资原始高耗能高排放的行业转向绿色低排放的行业。然而，中国低碳技术起步晚，发展缓慢，这种情形限制了绿色低碳行业中的投资增长速度。因此，实施碳税征收机制后，投资虽有明显增长但是下降幅度也很大。与此同时，技术进步的作用也随着时间的推移而逐渐变弱，投资的增长率最终趋近于零。

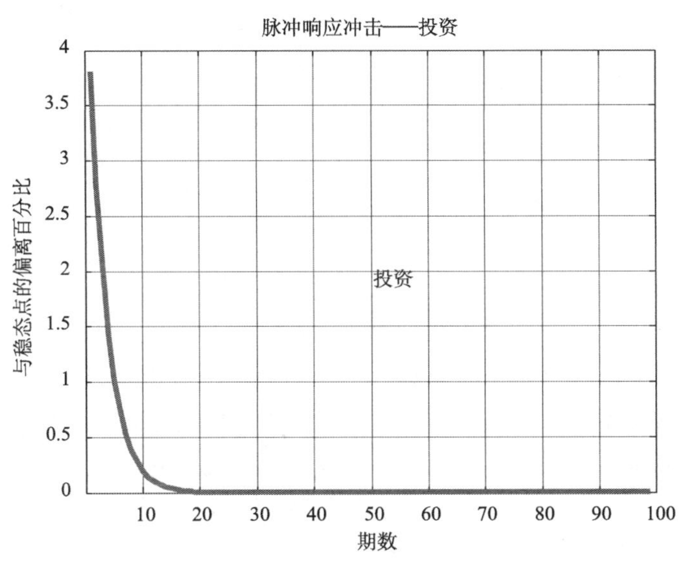

图 6.6 征收碳税时投资变化情况

碳税作用下投资的变化规律为政策制定者们提供了支持信息：在制定政策促进投资增长时，不仅仅只考虑通过技术改革来拉动投资，更要综合考虑，通过多种途径刺激投资的增长。

6.4 资本响应碳税政策冲击

资本，指投入生产的生产要素，除了资金外还包括用于生产的厂房、材料和设备等。通过对经济体在征收碳税前后资本响应碳税政策冲击的模拟，可以分析碳税政策下用于生产的资本的变化情况。在模型中，资本与劳动力作为生产要素用于产出，主要由当期投资和上一期剩余资本的折旧构成。

在技术进步影响下，经济体未征收碳税时，如图 6.7 所示，投入生产的资本增长率一直为正，且增长率在冲击的前一阶段处于上升状态。有主要原因可能为以下两点：①未征收碳税时，技术进步促进了生产技术的革新，经济体需要更多的资本投入来适应产能的增加；②由投资响应碳税政策冲击的分析可知，未征收碳税时，技术冲击促进了投资的增长，而每一期的投资都作为新的资本存量投入生产，从而带动了资本的增长。

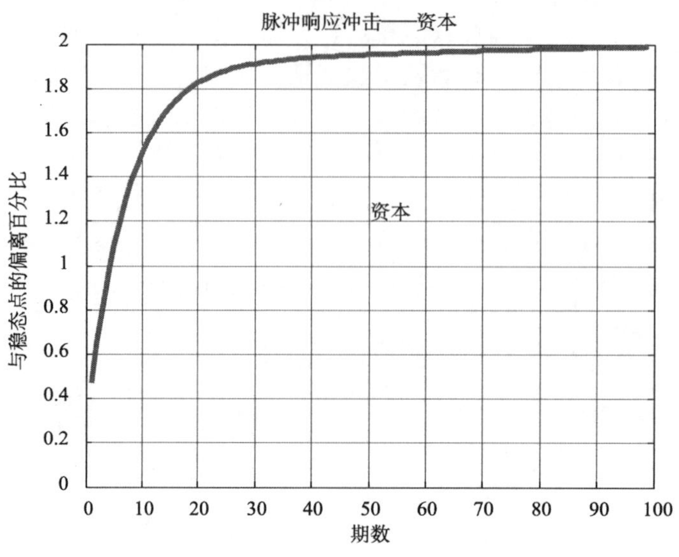

图 6.7　未征收碳税时资本变化情况

在技术进步影响下，经济体征收碳税时，如图 6.8 所示，投入生产的资本增长率一直为负，但慢慢上升至趋于零的位置。具体原因可能为：①征收碳税时，经济体中的企业生产成本增加，导致那些生产技术落后，利润低的企业盈利减少甚至出现亏损至破产。这部分原本应该被淘汰的企业用于生产的资本将不再进入生产环节，因此投入生产的社会总资本降低。②由投投资响应碳税政策冲击的分析可知，征收碳税后，投资的增长率急速下降直至为零。骤降的投资带来的资本增长作用低于征收碳税导致的资本抑制作用，因而资本增长率仍一直为负。③但随着破产企业总数的逐渐减少，资本下降的速度变缓，资本增长最终达到稳态。

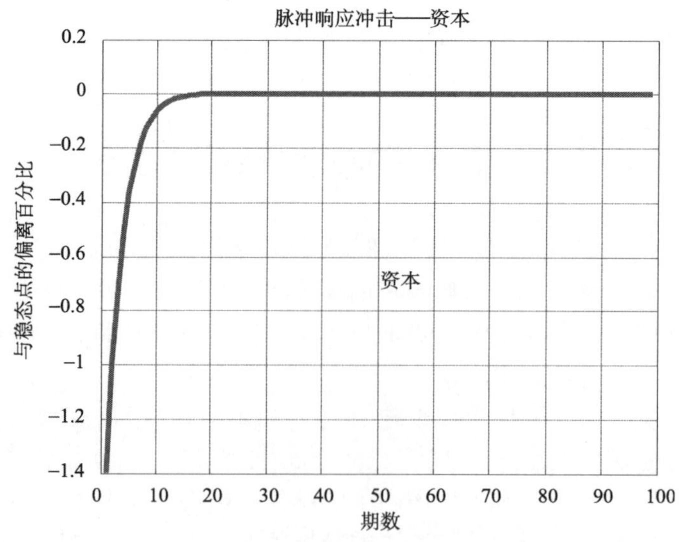

图 6.8　征收碳税时资本变化情况

由此可知，技术进步可以刺激投入生产的资本的增长，但是碳税会降低技术进步所促进的增长速度。政府在制定碳税政策时，要考虑碳税对于经济的副作用，同时通过扩大技术进步的效果及其他多种方式刺激投资，以促进资本的增长。

6.5　产出响应碳税政策冲击

产出，指生产过程中创造的物品或和劳务，产出可以用于消费也可以用于生产。一个经济体中产出的变化直接反映了该经济体的经济发展情况。通过对经济体在征收碳税前后产出响应碳税政策冲击的模拟，可以观测征收碳税政策对经济的影响，分析是否会导致经济危机的发生。在模型中，产出由资本和劳动力共同作用，并且考虑了污染带来的损失，碳税政策的实施势必会影响污染的变化从而影响产出。

在技术进步影响下，经济体未征收碳税时，如图 6.9 所示，经济体的产出增长率一直为正，最后趋于稳定增长。这是由于技术进步促进了投资、资本和劳动力的提高，从而促进了产出的增长；技术进步提高了企业的生产技术，促进了产能的提高。但是政府需要注意的是，这种产出的增长仅仅是由于投入生产的资源增加而导致的，仍旧属于粗放式的增长，没有为环境保护做到应尽的责任。

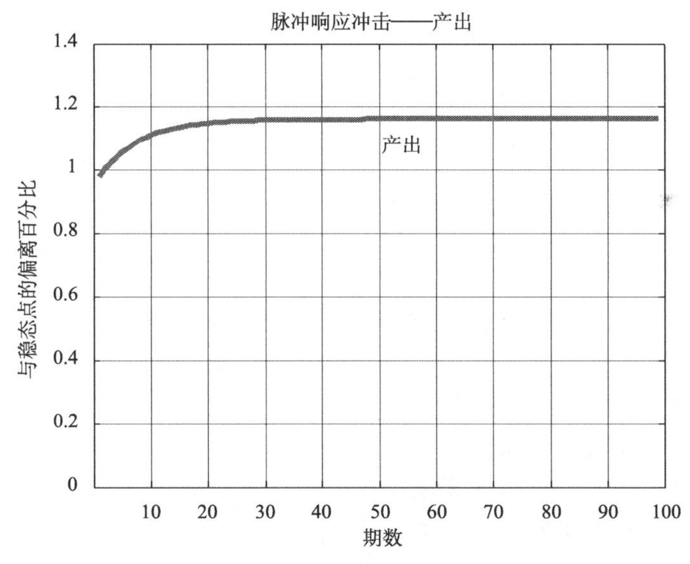

图 6.9　未征收碳税时产出变化情况

在技术进步影响下下，经济体征收碳税时，如图 6.10 所示，经济体的产出在初期会有明显的增长，但是产出的增长率急速降低。造成这一现象原因主要有以下几点：①对于一般企业而言，征收碳税提高了生产成本，企业利润降低；因此，企业会通过提高产出，薄利多销来维持征收碳税之前的利润额度。但是，由于碳税征收的长期性，企业维持高产出就意味着要占用更多的资本和劳动力，抵抗市场风险能力降低。对于本来就产能落后的企业，征收碳税进一步压迫了它的利润空间，亏损和破产的风险增大。随着碳税征收的持续，落后的企业逐渐被淘汰，整个经济体的总产出下降。②对于垄断企业而言，征收碳税并不能直接增加企业的生产成本，这类成本最终还是转嫁到了消费者身上；同时，由于技术进步的促进，这类企业能够更快的吸收技术进步成果以提高生产技术，快速消除碳税征收带来的负面影响。

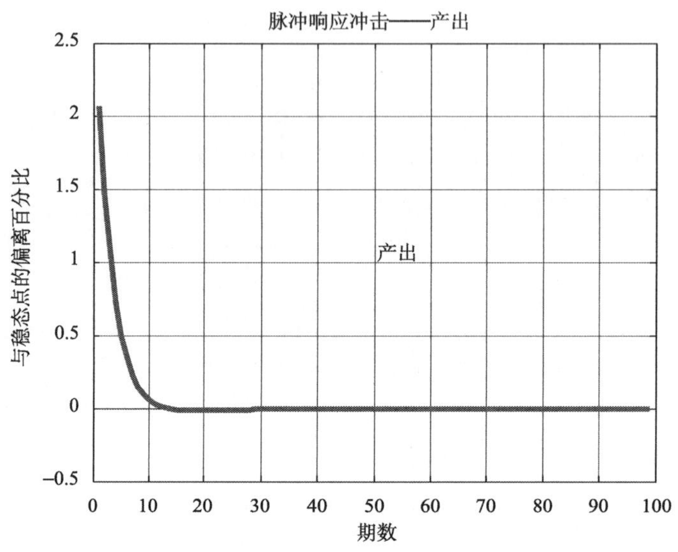

图 6.10　征收碳税时产出变化情况

由此可知，虽然征收碳税会对经济造成一定的负面影响，但是通过征收碳税，可以淘汰经济体中的技术落后企业，有利于那些创新企业的发展，从而通过市场的优胜劣汰机制优化行业结构。

6.6　消费响应碳税政策冲击

消费，是社会再生产的最终环节，消费不仅仅包括物质产品，也包括精神产品或服务。一个经济体中的消费情况体现了该经济体中居民的购买力和收入情况，间接体现了该经济体的发展水平。通过对经济体在征收碳税前后消费响应碳税政策冲击的模拟，可以观测碳税政策下居民消费的变化情况，分析碳税政策是否影响了居民的正常生活。在模型中，企业的产出一部分被居民消费，另一部分则进行折旧后投入下一期的生产。居民能够通过消费获得效用，居民账户的目标就是使得消费总效用最大。

在技术进步影响下，经济体未征收碳税时，如图 6.11 所示，消费者的消费量在碳税政策实行的初期，有着轻微的降低，但是立刻上升并一直维持在略低的增长。

在技术进步影响下，经济体征收碳税时，如图 6.12 所示，消费者的消费量受到碳税政策的影响同样很小，可以忽略不计，居民最终保持稳态时的消费趋势。

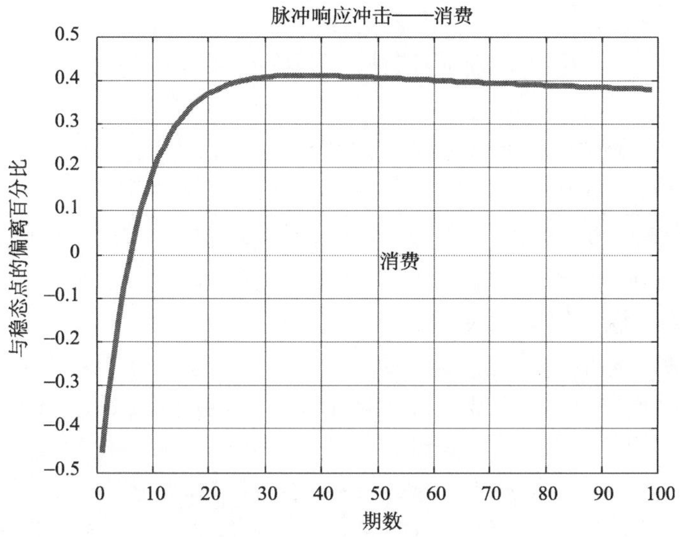

图 6.11　未征收碳税时消费变化情况

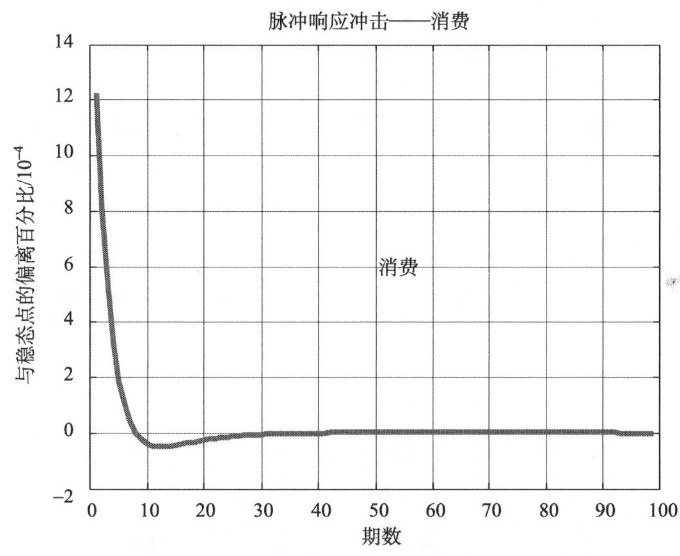

图 6.12　征收碳税时消费变化情况

由此可知，征收碳税虽然促企业生产更多的低碳产品，但是无法显著影响居民的消费总量。由前文分析可知，征收碳税后，在碳税政策的刺激下，企业纷纷提高了自己的生产技术，生产更加低碳的产品以应对由于碳税导致的生产成本增加问题，消费市场中的低碳产品比例升高。因此，虽然征收碳税后，居民消费总量变化不大，但是居民的消费模式却有了改变——低碳产品的消费比例增加。因此，政府可以通过制定政策引导企业生产更多的低碳绿色产品，让居民在潜移默化中形成良好的低碳消费结构。

6.7　就业响应碳税政策冲击

就业问题是经济发展中非常重要的问题，也是政府在进行政策制定中必须考虑的社会问题。如果一个经济体中的就业率偏低，失业人口过多，就会导致一系列社会治安问题。因此，在本章的政策模拟中，必须考虑征收碳税对社会劳动人口就业的影响。

在技术进步影响下，经济体未征收碳税时，如图 6.13 所示，就业率上升，经济体的就业最终保持轻微但稳定的增长率。主要原因有以下两点：①技术进步革新了生产技术，扩大了企业的产能，因此需要更多的劳动力参与生产；②对于资本密集型的企业，技术进步带来推动效应更加明显，企业的收入增加，为了创造更高的收益，需求更多的劳动力；但是对于劳动力密集型的企业来说，一般生产技术落后，技术进步带来的效应没有资本密集型的大，虽然在技术冲击初期也能扩大产能，增加就业，但是技术进步的增加收入效应随着时间的推移被技术的替代效应超过，这类技术落后的企业逐渐被市场淘汰，导致就业率的下降。总体而言，技术进步促进了就业的增长，也刺激了经济体中生产技术的革新。

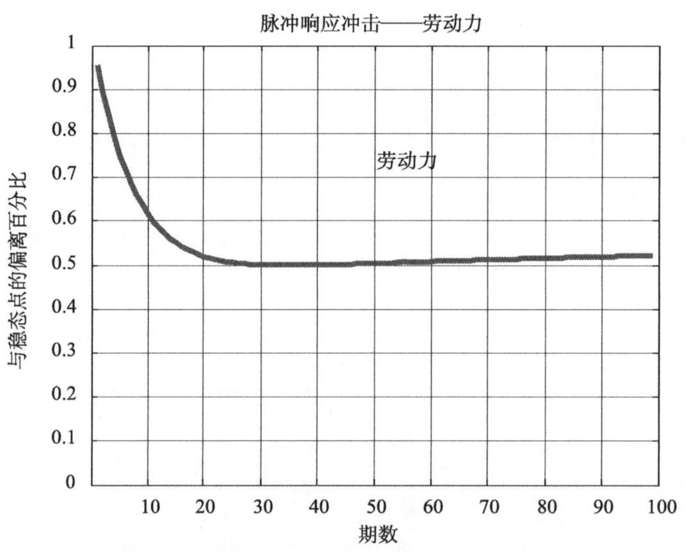

图 6.13　未征收碳税时就业变化情况

在技术进步影响下，经济体征收碳税时，如图 6.14 所示，社会就业率在碳税政策实行初期显著上升，随后大幅下降至稳态。主要原因有以下几点：①由产出响应碳税政策冲击分析可知，征收碳税后，经济体的产出也是在初期显著增加，而同时期的资本存量时降低的，因此，为了保持产出的增长，只能投入更多的劳动力来创造价值；②然而，通过增加劳动力投入以增加产出不是企业发展的长久之计，征收碳税更是加快了技术进步的替代效应的进程，这类技术落后的劳动密集型企业立刻被市场淘汰，劳动就业率显著下降；③资本密集型的企业受到征收碳税等碳税环境规制影响较小（Berman and Bui,

2001），因此，即使征收了碳税，资本密集型的企业在技术进步的促进下仍然能够扩大产能增加就业；产能落后的劳动力密集型企业在受到技术冲击时，虽然初期能通过增加劳动力投入维持生产，但最终被市场淘汰。征收碳税后，经济体的就业总量小于未征收碳税时的就业总量，因此收到技术冲击后，就业的变化量会大于未征收碳税时的就业变化量。

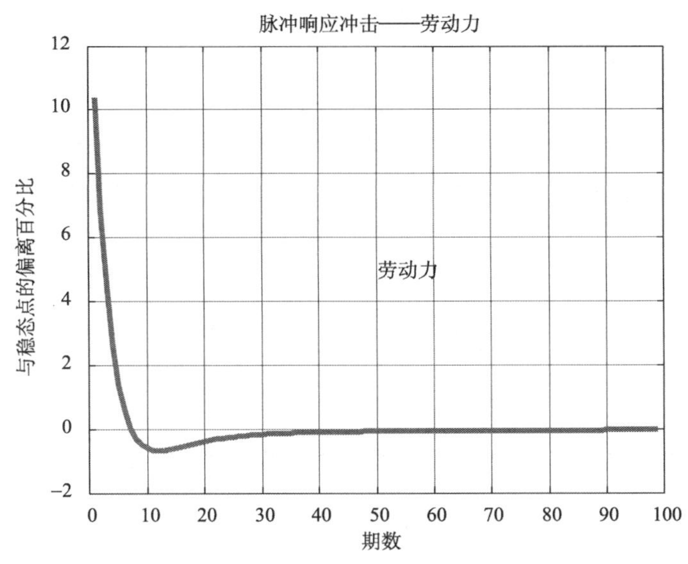

图 6.14　征收碳税时就业变化情况

由此可知，征收碳税后虽然经济体的就业率最终会稳吃稳定，但是总的就业量低于未征收碳税时的就业量，这也是碳减排政策无法避免的问题。政府在制定碳减排相关政策时，应当考虑就业量降低带来的社会问题。

6.8　碳税、产出和碳排放量响应碳税政策冲击

在征收碳税的政策模拟模型中，碳税不是恒定不变的，而是根据经济发展水平而自动调节。产出直观反映了经济体的发展水平，因此本小节考查了产出与碳税的关系，而碳税的高低势必会影响碳排放量的变化，两者在技术冲击下的变化规律也能够为碳减排政策的制定提供参考依据。

在技术进步影响下，经济体未征收碳税时，如图 6.15 所示，经济体的产出增加时，碳税也在增加；经济体的产出下降时，碳税也在降低。这表明碳税能够根据经济体的经济优劣情况而自动调节，在实际政策执行中更容易监管。经济体面对技术进步的冲击，碳税增加时，碳排放量降低；碳税降低时，碳排放量增加。这表明碳排放量的波动与碳税的波动有负的关系，的确可以通过碳税政策来降低碳排放量或减缓碳排放量的增长速度。

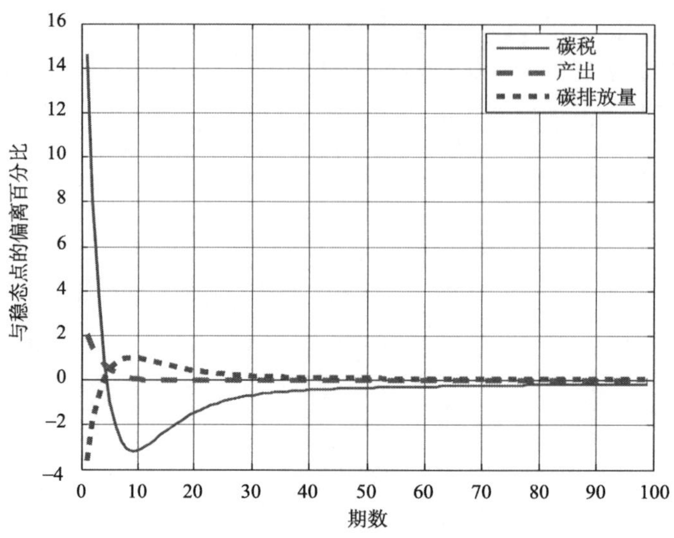

图 6.15　征收碳税时碳税、产出和碳排放量变化情况

6.9　本 章 小 结

本章通过第 5 章建立的未征收碳税和征收碳税的动态随机一般模型，使用基于 DSGE 碳减排的财税政策模拟系统对经济体在技术进步常态下实施碳税征收政策前后进行模拟，观察中国各经济指标和污染指标受到征收碳税的影响程度。经过对中国经济征收碳税前后的模拟，本章发现：

（1）未征收碳税情景下，资本存量和投资都有显著的上升趋势，技术冲击促进了社会生产技术的革新，刺激企业产能的扩大，从而增加了企业对于劳动力的需求。然而，经济体没有合适的碳减排政策，企业盲目扩大产能以追求效益最大，虽然在技术进步的作用下碳排放量增长率有所降低，但碳排放量的总趋势一直增加，整个经济体的减排成本也随之增加。

（2）征收碳税情景下，资本存量和投资受到碳税作用的抑制，增长缓慢，企业的产出虽然初期受到影响而降低，但很快回到稳态水平。征收碳税对居民消费量影响不大，但是通过碳税的征收增加了市场中绿色低碳产品的占有率，无形中改变了居民的消费结构。征收碳税后，经济体的碳排放量增长率明显低于未征收碳税的增长率，碳税机制有效减缓了碳排放量的增长速度与减排成本。在碳税和技术进步的共同作用下，经济体的碳排放量逐渐收敛于稳态。

（3）虽然征收碳税等碳减排机制对经济有着显著的负面影响，导致了社会产出和就业的降低，但是为了经济与环境的协调的发展，碳减排政策势在必行，而且由于碳税能够随着经济体的经济状况自动调节，便于政策的实施。因此，本章建议政府在制定碳减排政策时，考虑碳税对碳排放量的有效抑制性和政策的可执行性。

第 7 章　碳排放权配额变化的区域影响

区域碳排放政策分析的一个重要领域是区域的碳排放权分配问题。关于碳排放权配额，刘晓（2012）已经详细讨论了 5 种分配方案下的中国区碳排放权分配，本书不再赘述，但其研究主要集中在不同原则下各省份碳排放权的分配结果，而对分配的逻辑前提缺少讨论，且其讨论主要是基于静态分析，无法分析基准年发生变化对各地区的碳排放权分配影响。作为区域碳排放政策分析的一部分，首先，本书将进一步研究何为公平分配并且应当如何建立基于各区域的公平分配的碳排放权分配框架，以及分配框架对各区域的影响评估。其次，本书将实现分配框架的动态化，讨论打破不同的碳排放权固定分配原则，对各原则进行任意组合并改变基准年，会对分配结果有什么影响。

7.1　公平原则下的中国碳排放权分配

方精云等认为，目前流行的碳排放权分配方案或者充满了实用主义原则和主观价值判断，或者缺乏内在一致的理论依据，无法体现区域减排的公平性与正当性（方精云等,2009）。因此，考虑中国的区域差异的特殊性，有必要对各省份的碳排放历史及未来的盈亏状况进行分析，以构建适合中国国情的碳排放权分配方案。

目前中国正处于快速工业化发展时期，经济高速增长还将带来大量的碳排放。中国在参与国际减排的同时，也需妥善解决好内部各省份间的碳排放权分配问题，而后者又涉及区域公平与效率。基于这一考虑，本书提出减排的 3 个基本前提：一是减排必须考虑差异性，即考虑到中国区域经济发展的不平衡性，各地区的减排量分配不能“一刀切”；二是碳排放权分配必须体现补偿原则，即改革开放以来，中国不发达地区为保证中国经济的高速增长牺牲了自己的部分碳排放权，这部分碳排放权必须在未来得以补偿；三是减排效果必须具有稳定性，不能因减排而引发经济危机，即各地区必须在经济平稳增长条件下保持其最优增长率。基于以上 3 个前提，本章试图以人均累计碳排放量作为公平的尺度，以各区域经济最优增长为前提，以各地区碳排放权分配最优为目的，构建基于省域的全国减排框架，为国家制定不同省份的减排政策提供决策参考。

7.2　减排框架探讨

7.2.1　实验数据来源

本书以中国为例，研究区域碳排放权框架问题，为此需要一些实验数据作为框架研究的基础。

本章所采用的煤、石油、天然气等能源消费量、地区生产总值、人口总量、资本存量等数据来源于《中国能源统计年鉴》《中国统计年鉴》，数据处理方法遵循第 3 章数据处理方法，以保证数据的统一性和分析结果的一致性，即①国内生产总值按 2000 年的可比价换算；②主要能源单位均经过统一换算，并认为能源消耗不存在地区差异，煤、石油、天然气的碳排放系数分别取 1.0052、0.753、0.6173（朱永彬等,2009）。此外，西藏和台湾暂不列入计算范围。

7.2.2　分配框架构建

考虑中国区域经济的差异性和经济发展现状，制定各省份的碳排放权必须体现公平与效率的统一，从碳排放伦理及人类发展需要出发，本章提出碳排放权分配的两条基本原则：一是人均累计平等排放原则，即每个人均拥有通过一定碳排放配额来提高生活水平的平等权利和通过限制碳排放来保护全球环境的平等义务；二是差别原则，即在保证人类社会能够持续应对气候变化的前提条件下，允许不平等的减排安排，只要它有利于最少受惠者的最大利益（李开盛,2012）。本章最终与最优增长模块之间建立联系，即允许各区域在其最优经济增长路径下实现减排。两原则分别表示如下：

1. 人均累计平等排放原则

以省域尺度作为划分单元，以某一时间点为分割点，将碳排放某个特定时段划分为历史时期和未来时期，则人均累计平等排放原则应包含两方面：一是各区域历史上的人均碳排放权均等；二是各区域未来的碳排放权均等。基于此，在历史时期碳排放权被剥夺的地区在未来应得到补偿，在未来时期碳排放权有盈余的地区可出售，而碳排放权有亏损的地区则需向盈余地区购买。用公式表示，其计算步骤如下（国务院发展研究中心课题组等,2009）：

1）人均累计碳排放权度量

设 i 省的人均实际碳排放量为 o_{ij}，人口数为 N_{ij}，则 j 时期的全国人口数为 $N_j=\sum N_{ij}$，其中，$i=1,2,\cdots,n$，表示不同省份，$j=1,2$，分别代表历史时期和未来时期。由此，j 时期的全国人均累计碳排放量为 $o_j=\dfrac{\sum o_{ij}\cdot N_{ij}}{N_j}$。若 i 省在历史时期人均累计碳排放量 o_{i1} 低于 o_1，则该省历史时期碳排放量有盈余，这部分盈余量可在未来时期出售，若该省历史时期碳排放量为亏损，则必须在其未来时期的碳排放权中扣除相应的亏损量。

2）盈亏量计算

在 j 时期，i 省的碳排放量亏损量 B_{ij} 表示为可排放量与实际排放量 M_{ij} 之差，若该值为正，则盈余，反之则亏损，此时有式（7.1）成立：

$$B_{ij}=o_j\cdot N_{ij}-M_{ij} \tag{7.1}$$

3）总碳排放权计算

在整个时间序列中，i 省的总排放权 B_i 为

$$B_i = \sum_{j=1} B_{ij} \tag{7.2}$$

2. *差别原则*

差别原则用来计算未来时期各省份在最优经济增长路径下的碳排放量，并以此作为判断该省份碳排放权盈亏的依据。该原则承认中国各地区经济发展中存在的非均衡性，也给予各地区选择其最优经济增长路径的权利。在该原则下，若要使落后地区的利益达到最大，需满足两点：第一，每个地区均能保持该地区的福利最大化条件下的最优经济增长率；第二，长期来看，经济增长必须保持平稳，不会因需求不足或需求过大而引起经济危机。基于以上考虑，与第 2 章的最优化模块相联系，并引入一个经济动力学模型（朱永彬等,2009），通过该模型来说明最优经济增长，并以该模型的计算结果分配未来时期各省份间的碳排放权。

1）最优经济增长模型的设定

模型设定生产函数为式（7.3）：

$$Y = Ae^{vt}K^{\alpha}E^{1-\alpha}L^{\gamma} \qquad 0<A<1, 0<\alpha<1 \tag{7.3}$$

进一步改进模型为式（7.4）：

$$Y(t) = (A_0e^{vt})^{1/\alpha}\tau(t)^{(1-\alpha)/\alpha}(\omega N_0e^{nt})^{\gamma/\alpha}K(t) \qquad 0<A<1 \tag{7.4}$$

根据动态最优理论，得到平稳条件下最优经济增长率（第一类黄金增长），即式(7.5)：

$$g = (n-\frac{\rho}{\sigma}) + \frac{1}{\sigma}(\varepsilon-\theta\tau)(A_0e^{vt})^{1/\alpha}\tau^{(1-\alpha)/\alpha}(\omega N_0e^{nt})^{\gamma/\alpha} \tag{7.5}$$

式中，τ 为能源强度；N_0, n, ω 分别为初始时期的人口、人口增长率以及劳动参与率；A_0, v 分别为全要素生产率的初始水平和进步速率；α 和 γ 分别为资本和劳动的产出模型；ρ, σ 为效用函数中的参数（时间偏好及风险厌恶系数）；ε 为产出扣除折旧后的剩余比例；θ 为能源综合成本，模型参数估计方法参见朱永彬等（2009）。

2）最优经济增长路径下各省份未来碳排放量的计算

以式（7.3）～式（7.5）为基础，对能源强度的走势进行预测即可得到最优经济增长率，由平稳轨道上的最优增长率可以预测未来年份经济总量以及能源消费总量，考虑能源结构的演化（朱永彬等,2009），并由能源消费量进一步可以预测碳排放（王铮等,2010）。

基于以上两点考虑，构建碳排放权分配框架如图 7.1 所示。

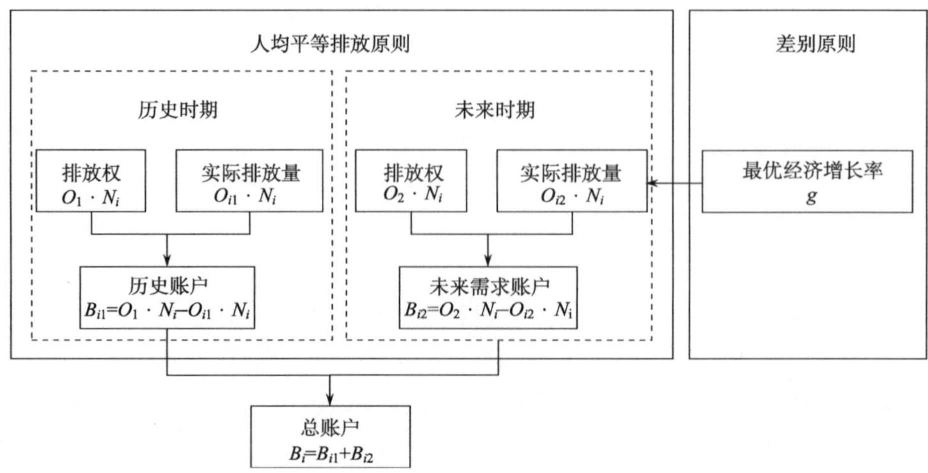

图 7.1　基于公平与效率的减排框架

7.3　碳排放权分配框架下的各省碳排放权盈亏分析

应用上述碳排放权分配框架，以 1995～2010 年为历史时期，2011～2050 年为未来时期，计算出两时期中国各省份的碳排放权账户。如表 7. 1 所示，若将区域划分为东、中、西三大地区，可知东部地区碳排放权账户余额始终为负值，其历史总账户余额为–1912MTC，未来总账户余额为–3202MTC，因此总账户余额为–5114MTC；中部和西部地区碳排放权账户余额始终为正值，中部地区历史总账户余额为 1007MTC，高于西部地区 103MTC，但未来时期，西部地区账户余额有了较大的增长，达到 2118MTC，高于中

表 7. 1　中国三大地区各省碳排放账户（MTC）

东部				中部				西部			
省份	历史总账户	未来总账户	总账户	省份	历史总账户	未来总账户	总账户	省份	历史总账户	未来总账户	总账户
北京	–160.65	66.45	–94.20	山西	–556.41	–5459.87	–6016.28	重庆	198.19	1229.59	1427.78
上海	–557.01	–2120.03	–2677.04	安徽	387.08	1473.64	1860.72	内蒙古	–469.49	–3713.88	–4183.37
天津	–195.29	–559.67	–754.95	江西	352.57	1014.12	1366.69	云南	214.04	626.46	840.50
辽宁	–576.25	–2611.01	–3187.26	湖北	168.96	391.16	560.12	陕西	127.64	–497.53	–369.89
山东	–229.43	–570.89	–800.32	湖南	359.91	–1679.23	–1319.32	广西	444.61	615.97	1060.58
江苏	1.91	2462.47	2464.38	河南	509.21	4400.16	4909.37	四川	499.57	3849.32	4348.89
福建	112.25	245.81	358.06	黑龙江	–102.88	1162.68	1059.80	贵州	–150.57	320.10	169.52
海南	72.67	481.75	554.42	吉林	–111.26	–217.99	–329.24	甘肃	264.75	739.97	1004.73
河北	–407.35	–1220.36	–1627.70					青海	–12.38	–22.33	–34.71
浙江	–64.30	–866.13	–930.42					宁夏	–114.14	–813.62	–927.76
广东	91.64	1489.29	1580.93					新疆	–97.59	–216.41	–314.00

部地区账户余额 1033MTC。由此可知，在本节的碳排放权分配框架下，东部地区碳排放权亏损幅度逐渐加大，而中西部地区碳排放权盈余幅度也加大，且西部地区高于中部地区。因此，该分配框架有利于中西部地区，特别是西部地区，从而有利于缩小区域差距。

以下依据表 7. 1 和图 7.2~图 7.5，详细讨论中国各省份在历史时期和未来时期的碳排放权基本特征。

7.3.1　历史时期各省份碳排放权

历史时期内，各省份碳排放权分布呈北亏损，南盈余状态，亏损地区以内蒙古、山西、河北、辽宁和上海为中心，向外递减，其中五大亏损地区亏损量占全部亏损量的 67.5%（图 7.2），由式（7.1）和式（7.2）可知，决定这一时期碳排放权的主要因素是人口与历史实际排放量，因此，从分布上看，历史时期各省份碳排放权的空间格局与我国早期的人口和工业布局较为一致，亏损省份的共同特点是资源依赖性较强，如山西、内蒙古均为能源生产大省，而东北三省和河北、山东等地区资源型城市也较为集中，上海作为我国最大的工业基地，其能源消耗量也较大。盈余地区以四川、广西、河南和安徽为中心，向周边递减，三大省份盈余量占全部盈余量的 48.37%，这些地方的共同特点是：工业相对较为落后，但人口众多。

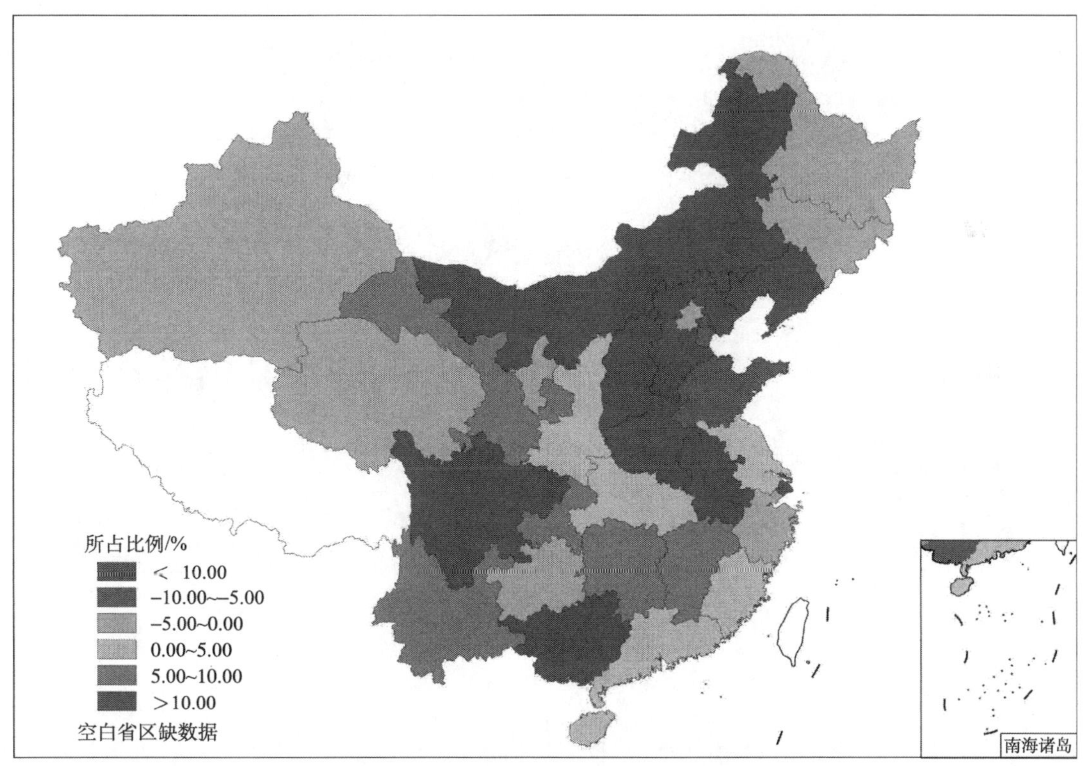

图 7.2　中国历史时期碳排放权分布图

7.3.2　中国未来时期各省碳排放权

本节继续讨论中国未来时期区域碳配额问题。

依据碳排放权分配框架的计算结果，如图 7.3 所示，中国未来时期各省份碳排放权区域分布状况与历史时期相比变化不大，但亏损和盈余集中度上升，亏损地区仍然集中在北方，盈余地区以南方地区为主。内蒙古、辽宁和山西仍是亏损中心，而四川、河南和江苏成为盈余中心。

这一时期内，亏损量所占比例大于 10%和盈余量所占比例大于 10%的省份数量均比历史时期有所减少，但亏损和盈余中心的亏损和盈余比例值有所提高。内蒙古、山西、辽宁、上海四省的亏损量已占全部亏损量的 67.7%，江苏、四川、河南三省的盈余量占全部盈余量的 52.07%，亏损和盈余集中度明显上升。

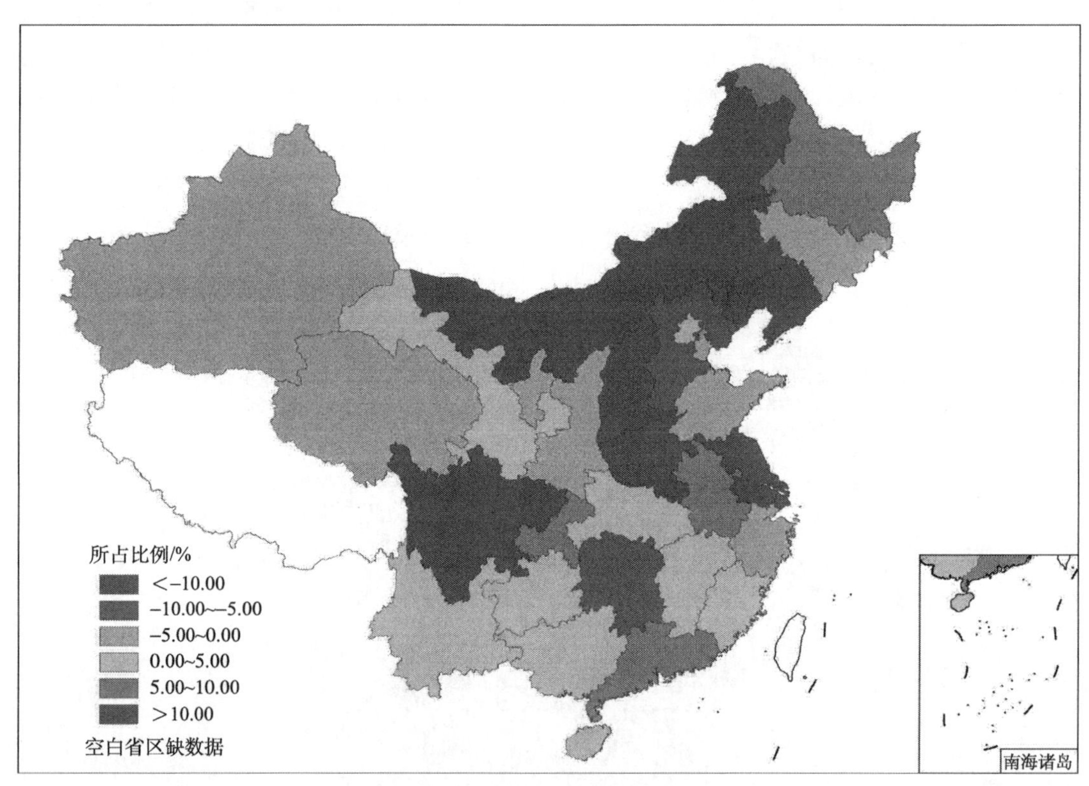

图 7.3　中国未来时期碳排放权分布图

7.3.3　各省总碳排放权分布特征

在考虑历史公平性和未来发展公平性后，各省份至 2050 年总碳排权基本特征如图 7.4 所示：①北方地区由于发展历史和资源禀赋原因，以亏损为主，而南方地区基本上以盈余为主；②黑龙江、山西是碳排放亏损大省，而四川、河南是碳排放权盈余大省，前者主要受能源生产量过大影响，后者人口优势明显；③南方地区经济活力较大，在最优经济增长路径设定下，南方部分地区经济转型压力小于北方地区，因此，南方地区能源消耗型企业的减少和能源利用效率的提高将有利于其盈余量的增加。

从三大地区看，东部地区由于耗能大且需补偿历史欠账，从而使该地区仍然成为主要的亏损区，亏损量占 42.74%。中部和西部地区一方面由于其本身盈余量较大，另一方面加上历史时期内欠账省份的补偿，仍为主要的碳排放权盈余区，其中中部地区盈余量占 41.37%，西部地区盈余量占 37.56%。

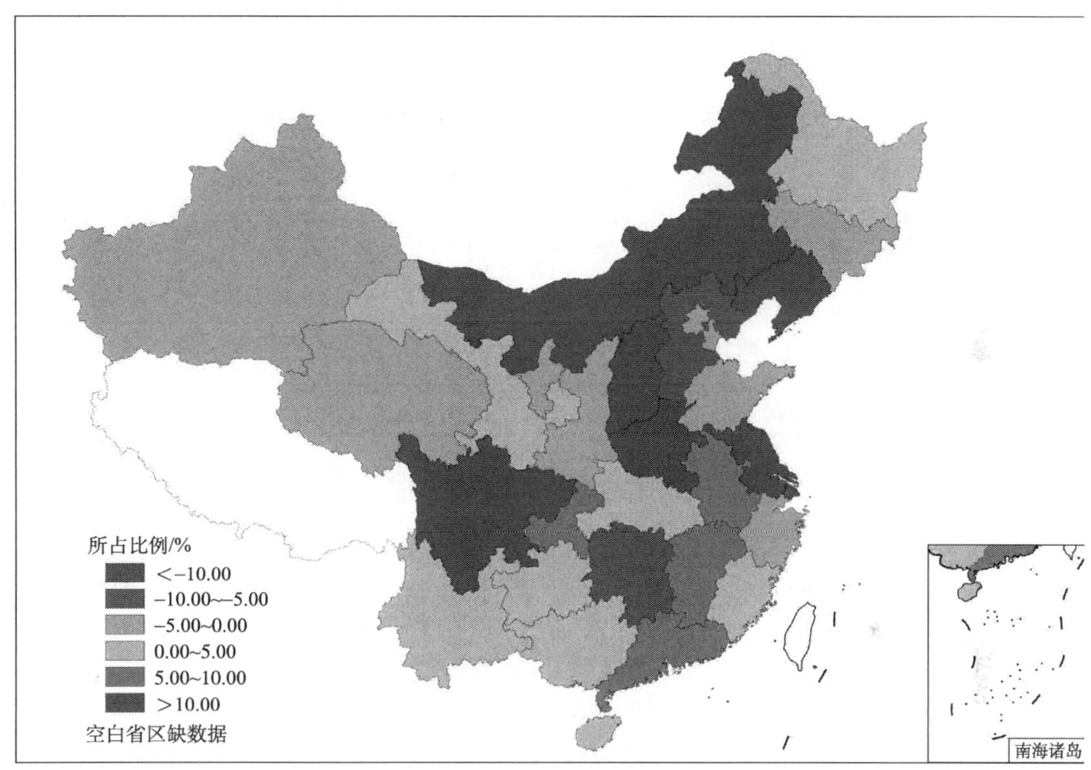

图 7.4　中国两时期总碳排放分布格局

7.3.4　两时期碳排放权的空间格局变化

在历史时期和未来时期，碳排放权总体表现为东部地区亏损，中西部地区盈余的总体格局，但在三大地区也表现出一些特性，如表 7.2 所示：①从省份数量上看，两时期亏损和盈余省份各占一半，变化不大，历史时期内，全国盈余省份与亏损省份均为 15 个，未来时期内，盈余省份数量增加 1 个。②从地域上看，东部地区盈余省份占该地区省份的比例有较大提升，其他两大地区比例变化不明显，历史时期，东部地区盈余省份占该地区省份比例为 36.36%，中部地区盈余省份占该地区省份比例为 62.5%，西部地区盈余省份占该地区省份比例为 54.55%；未来时期内，东部地区盈余省份所占比例上升 9 个百分点，而中西部地区盈余省份占该地区省份比例保持不变。③从碳排放账户看，东部地区盈余比例上升快，中部地区亏损比例上升快，西部地区盈余比例下降快，从而导致东、中、西部地区碳排放权变化波动较大，历史时期内，东部地区尽管部分省份有盈余，但盈余总量并不大，仅占7.32%，与之相反，该地区的亏损量占全部亏损量的57.56%，中西部地区的盈余量与盈余比例、亏损量与亏损比例均较为接近；未来时期内，东部地区碳排放权盈余总量比例上升较大，占到23.07%，上升近16个百分点，与此同时，该地区的亏损量比例下降为38.64%，下降近19个百分点；中部地区盈余比例基本不变，而亏损比例上升近10个百分点，西部地区盈余比例下降近10个百分点，而亏损比例基本保持不变，从而导致中西部地区碳排放权差异性扩大，且西部地区碳排放权开始超过中部地区。

表7.2　历史时期和未来时期中国三大地区的碳排放权相关指标

	历史时期					未来时期				
	盈余省份/个	盈余量/MTC	盈余比例/%	亏损量/MTC	亏损比例/%	盈余省份/个	盈余量/MTC	盈余比例/%	亏损量/MTC	亏损比例/%
东部	4	278.47	7.32	−2190.27	57.56	5	4745.76	23.07	−7948.08	38.64
中部	5	1777.73	46.72	−770.55	20.25	5	8441.76	41.04	−7357.08	35.77
西部	6	1748.79	45.96	−844.18	22.19	6	7381.41	35.89	−5263.77	25.59
总计	15	3805.00	100.00	−3805.00		16	20568.94	100.00	−20568.94	100.00

7.3.5　碳排放权的动态演变特征

为研究碳排放权的动态变化，引入马尔可夫链，作为一种时间和状态都离散的马尔可夫过程，该方法能有效揭示相关指标的等级构成变化与过程（Tsionas,2002；蒲英霞等,2005）。其基本思想是，在时刻t_0所处的状态为已知的条件下，过程在时刻$t>t_0$所处状态的条件分布与过程在时刻t_0之前所处的状态无关，即在已经知道过程“现在”的条件下，其“将来”不依赖“过去”（盛骤等,2008）。

在马氏链为齐次的情形下，定义其转移概率为$P_{ij}(n)=P\{X_{m+n}=a_j \mid X_m=a_i\}$，即马氏链在时刻$m$处于状态$a_i$的条件下，时刻$m+n$转移到状态$a_j$的转移概率为

$$\begin{array}{cc} & X_{m+1}\text{的状态} \\ & \begin{array}{ccccc} a_1 & a_2 & \cdots & a_j & \cdots \end{array} \\ X_m\text{的状态}\begin{array}{c} a_1 \\ a_2 \\ \vdots \\ a_i \\ \vdots \end{array} & \begin{bmatrix} p_{11} & p_{12} & \cdots & p_{1j} & \cdots \\ p_{21} & p_{22} & \cdots & P_{2j} & \cdots \\ \vdots & \vdots & \vdots & \vdots & \vdots \\ p_{i1} & p_{i2} & \cdots & p_{ij} & \cdots \\ \vdots & \vdots & \vdots & \vdots & \vdots \end{bmatrix} \end{array} \tag{7.6}$$

式中，P_{ij}为在X_m状态下由a_i经过一步转移到X_{m+1}状态下a_j的概率。在碳排放权演变分析中，应用马尔可夫转移矩阵能客观反映中国各省份碳排放权的动态变化，如果某个区域碳排放权在初始年份为i，在下一年份仍然保持不变，则区域类型转移为平稳；如果区

域碳排放权有所提高，则区域向上转移；否则区域向下转移。

依据马氏链的分析结果，如图 7.5 所示，从历史时期到未来时期，中国陕西—河南—安徽—江苏以南大多数地区始终保持碳排放权盈余状态，而北方地区则相反，两时期内，中国始终亏损省份数为 12 个，所占比例为 40%，始终盈余省份数为 13 个，所占比例为 43.3%，由亏损转为盈余的省份有 4 个，所占比例为 13.3%，由盈余转为亏损的地区有 1 个，所占比例为 3.3%。

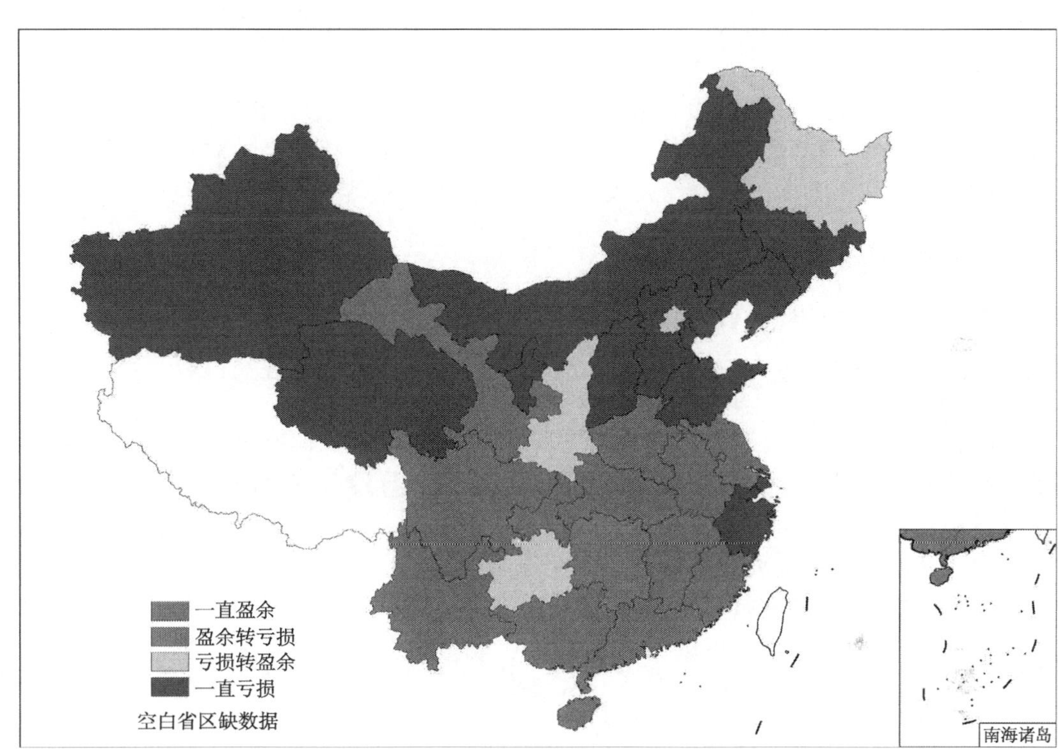

图 7.5　中国碳排放权的动态演变

从碳排放权等级变化可以看出（表 7.3）：①碳排放权亏损最大的两级始终处于亏损状态；②碳排放权亏损转变为盈余的概率大于由盈余转变为亏损的概率，碳排放权亏

表 7.3　历史时期和未来时期碳排放权比例的马尔可夫转移矩阵

历史/未来	<–10%	–10%～5%	–5%～0%	0%～5%	5%～10%	>10%
<–10%	0.80	0.20	0.00	0.00	0.00	0.00
–10%～–5%	0.00	0.00	1.00	0.00	0.00	0.00
–5%～0%	0.00	0.00	0.63	0.25	0.13	0.00
0%～5%	0.00	0.00	0.17	0.50	0.17	0.17
5%～10%	0.00	0.25	0.00	0.75	0.00	0.00
>10%	0.00	0.00	0.00	0.20	0.40	0.40

注：负数表示亏损，正数表示盈余。

损比例为–5%～0%的省份中有 38%转为盈余，而碳排放权盈余比例为 0～10%的省份中仅有 25%转变为亏损；③从数量上看，始终处于盈余状态的省份有 13 个，占全部省份的 43.35%，始终处于亏损状态的省份有 12 个，占全部省份的 40%，由亏损转变为盈余的省份有 4 个，占全部省份的 13.3%，由盈余转变为亏损的省份仅有 1 个，占全部省份的 3.33%（图 7.5）；④盈余地区占比超过 10%的地区不可能变为亏损。

7.4 不同视角下的中国碳排放权分配

上一节讨论了中国各省份的碳放权分配框架，该框架基于公平和效率两个基本原则，是保证各省份在经济稳定增长条件下的碳排放权分配方案，该方案是对刘晓（2012）分配框架的一种深化，本节从另一个角度对碳排放权分配方案进行深化。

7.4.1 不同分配方案的基本特点

目前世界上主要的碳排放权分配方案有四种，不同分配方案均有其优缺点：

1）现实主义原则分配方案

指承认现实，按照区域历史碳排放量占全球历史碳排放量比例对全球总配额进行分配的配额分配原则，该原则成立的意义是不以为碳减排导致各国经济发展遭到大的经济冲击，导致经济危机。该原则使得历史碳排放量较多的区域在未来也将分配到相对较多的排放权，从而保持了区域碳排放量变化的相对稳定，防止因突发性配额减少导致大规模减排对经济活动带来的破坏作用。显然，现实主义原则对目前碳排放大的发达国家有利，这个原则也变形为 GDP 原则，即根据当前各地区的 GDP 量分配全球允许的碳排放量，以保障全球经济增长继续。

2）平等主义原则分配方案

按区域人口占全球人口的比例对全球总配额进行分配的配额分配原则。该原则下区域总配额占全球总配额的比例的计算方法见方程。该原则强调人均碳排放权的全球平等性，它与每个人的国籍、性别等属性无关。其中，人口数量是平等主义原则确定区域总配额多少的唯一标准，这使得人口较多区域分配到较多碳排放权，而人口较少区域分配到的排放权也较少，从而有助于占世界多数人口的发展中国家，以及贫困国家在生存和经济发展过程中较少的受到因减排带来的影响。

3）支付能力原则分配方案

指按照各区域支付能力对全球总配额进行分配，支付能力被定义为一个与区域人口成正比例关系，而与区域人均 GDP 成反比例关系的配额分配指标，从而让支付能力较强的富国更多地出钱购买支付能力较弱的穷国的碳排放配额，兼顾了人口因素和经济发展水平(人均 GDP)因素。该原则的特点是将历史排放责任纳入到区域经济发展水平当中，它指出经济发展水平较高区域由于其在历史经济发展过程中已经消耗了较多的碳排放量，并提高了其支付能力，应当承当较多的减排责任；而经济发展水平较低区域由于其较少的历史排放和较低的支付能力，应当获得较多的配额。这个原则的缺点是对全局经济冲击最大，优点是促进区域经济差距变小。

4）人均累计原则分配方案

按一时段内各区域人均碳排放量总和相等来对全球总配额进行分配的配额分配原则。具体的作法是计算出全世界工业化开始或者某一年开始地球允许排放量，按现时人口数计算各国可以排放的总量，扣除历史累计排放量，把剩余量分配给各国。该原则的特点是，考虑了历史累计人均碳排放量对未来区域总配额的影响，即历史累计人均碳排放量较多的区域在未来应分配到较少的人均配额，反之亦然。根据这个原则分配的困难在于如何选取碳排放量累积的起始年。流行的说法是分别从人类工业化排放的重要年份 1860 年，世界各国普遍出现工业化趋势的 1900 年，人类发现碳排放导致全球变暖的 1980 年、世界确定减排行动的 1990 年，以及现今的某一年（如 2010 年）。

关于以上四种分配方案的讨论，刘晓（2012）分别定义了 GDP 原则、人口原则、人口 GDP 原则、支付能力原则和人均累计碳排放均等五个原则，并对中国各省份不同原则下的分配结论进行了深入的比较和分析，因此本节不再重复，而是在其基础上进一步深入，从而提出以下问题，如图 7.6 所示，刘晓（2012）所采用的不同分配原则实际上是一种公平与效率的组合，从而带来一些问题：①从 GDP 原则到人均累计碳排放均等原则之间，是否只有有限种组合关系，不同的组合关系会对区域碳排放分配带来什么样的影响？②刘晓（2012）的五种分配方案中，基年选择为 2010 年，以此划分为历史时期和未来时期，但并未考虑基年变化对分配的影响，因此，本节考虑基年动态化，分析不同基年下的各区域碳排放权分配会带来什么样的影响？③以往的研究并没有考虑折旧，即同样数量的碳排放权在历史时期和未来时期可能具有不同的权重，如果对其进行考虑，又会带来什么样的影响？

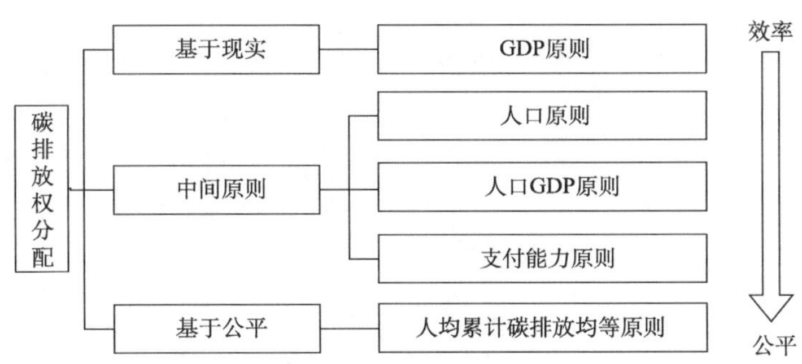

图 7.6 不同的碳排放权分配原则

对以上问题的分析，可知碳排放权是一种发展权（Green,2009;Posner and Sunstein,2007），其分配涉及多方利益主体，尽管短时间内很难达成共识，但随着各方利益的不断交锋，相互间的共识也越来越多，因而提前预测不同分配方案之间的组合及其动态变化可能带来的影响是十分必要的。本节将研究区域按中国区域间投入产出表的划分方法划分为八大区域（Liang et al.,2007; 张亚雄等,2006），该划分所反映的区域经济水平较一致，此外，西藏和台湾暂不列入计算范围（图 7.7）。目前常见的碳排放区域划分方法或是关于全国层面或东中西三大地带层面的划分，或是关于省区或市县级层面的划分。前者虽然能体现我国碳排放的总体特征，但以此来制定国家减碳政策，略显粗糙；后者虽然能清晰反映单一省份或市县的碳排放特征，但以此制定基于省域的国家减排政策，则会增加政策制定成本和导致各省域或市县之间的协调难度，产生更大的复杂性，从而增加政策实施的难度。而从中观视角，将八大区域作为研究对象既能最大程度反映我国碳排放的总体特征，也能有效抽象出省域碳排放的个体特征，对国家层面的减排政策制定有较强决策参考意义。

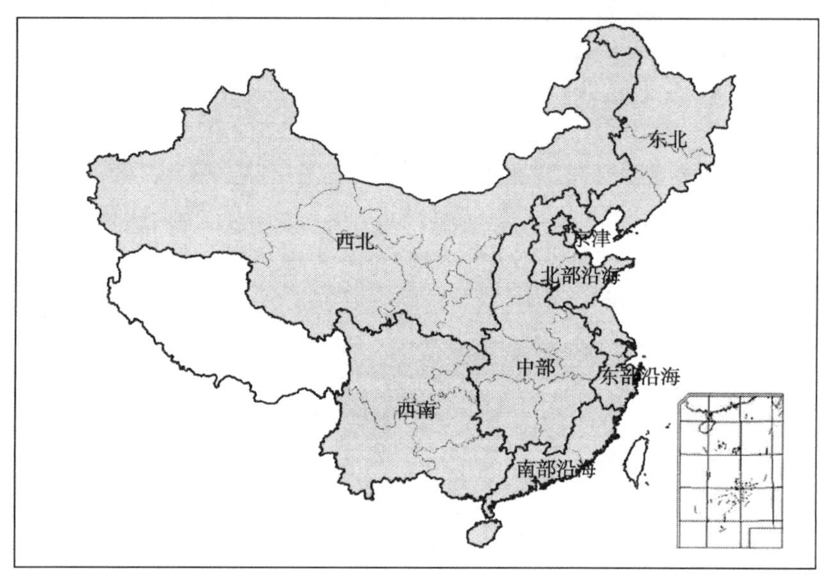

图 7.7　中国八大区域的划分（空白区，缺数据）

八大区域的基本特征如下。①东北地区：我国重要的老工业基地，重工业基础较好，资源型城市集中，但人口增长缓慢，为人口增长率最低的地区；②京津地区：均由直辖市组成，经济基础好，人口素质高，是人口增长速度最快的地区，同时也是人均 GDP 最高的地区；③北部沿海地区：分布较多的重工业，经济总量也较大，人均 GDP 约高于全国平均水平，人口增长率低于全国平均水平；④东部沿海地区：经济总量很大，人均 GDP 也很高，但由于人口增长过快，导致人均 GDP 增长速度为八大区域中最低；⑤南部沿海地区：中国最早开始改革开放的地区，经济活力大，第三产业发达，是人均 GDP 增长速度最快的地区；⑥中部地区：同样属于资源型城市较为集中的地区，但由于人口总量较大，导致人均 GDP 仅高于西北和西南，产业结构依然比较传统；⑦西北地区：人均 GDP 很低，但人均 GDP 增长速度很快，资源较丰富，发展能源产业潜力很大；⑧西南地区：资源较为匮乏，人均 GDP 为八大区域中最低，且人均 GDP 增长速度较慢，发展潜力较低。

7.4.2　分配模型设定

怎样确定各区域的碳排放权是本节的核心目标，在本节所设定的模型中，将碳排放时期分为历史时期和未来时期两阶段，其分隔点分别定义为起始年、基年和终结年，如图 7.8 所示。

图 7.8　碳排放时期的划分

设大区域（中国）的总碳排放量约束为 GB，则其值应等于各子区域的历史时期和未来时期碳排放量的加总：

$$\mathrm{GB}(T_B,T_R,T_E)=\sum_r\left[\sum_{t=T_B}^{T_R}e_{\mathrm{his}}(t,r)+\sum_{t=T_R+1}^{T_E}e_{\mathrm{scen}}(t,r)\right] \tag{7.7}$$

式中，r 为子区域，此处分别代表八大区域；t 为时间，即从起始年到终结年的时间序列；his 为历史时期；scen 为未来情景；e 为碳排放量，历史时期的碳排放量为已知，而未来时期碳排放量未知。

未来时期的每个区域碳排放量 ER 应为该区域的总排放量减去其历史排放量，而该区域的总排放量由该区域占总碳排放约束的比例 FR 和总排放约束 GB 决定，如式（7.8）所示：

$$\mathrm{ER}(T_B,T_R,T_E,r)=\mathrm{FR}(T_B,T_R,T_E,r)\cdot\mathrm{GB}(T_B,T_R,T_E)-\mathrm{HE}(T_B,T_R,r) \tag{7.8}$$

每个区域的历史时期的碳排放量 HE 为该区域历史时期每一年的碳排放量加总，如式（7.9）所示：

$$\mathrm{HE}(T_B,T_R,r)=\sum_{t=T_B}^{T_R}e_{\mathrm{his}}(t,r) \tag{7.9}$$

在每一种碳排放权分配原则中，每个区域每年的碳排放权分配比例 fr 可表示为

$$\text{if } t\leqslant T_R:\mathrm{fr}(t,T_B,T_R,T_E,r)_{\mathrm{pri}}=\frac{\mathrm{pri}_{\mathrm{his}}(t,r)\cdot\delta^{T_R-t}}{\sum_r\left[\sum_{t=T_B}^{T_R}\mathrm{pri}_{\mathrm{his}}(t,r)\cdot\delta^{T_R-t}+\sum_{t=T_R+1}^{T_E}\mathrm{pri}_{\mathrm{scen}}(t,r)\cdot\delta^{T_R-t}\right]} \tag{7.10}$$

$$\text{if } t\geqslant T_R:\mathrm{fr}(t,T_B,T_R,T_E,r)_{\mathrm{pri}}=\frac{\mathrm{pri}_{\mathrm{scen}}(t,r)\cdot\delta^{t-T_R}}{\sum_r\left[\sum_{t=T_B}^{T_R}\mathrm{pri}_{\mathrm{his}}(t,r)\cdot\delta^{t-T_R}+\sum_{t=T_R+1}^{T_E}\mathrm{pri}_{\mathrm{scen}}(t,r)\cdot\delta^{t-T_R}\right]} \tag{7.11}$$

式中，$\mathrm{pri}_{\mathrm{his}}$ 为历史时期每种原则下的相应指标值；$\mathrm{pri}_{\mathrm{scen}}$ 为未来情景中每种原则下的相应指标值。此外，假设历史时期和未来时期的相应指标值存在相同的折旧值，折旧系数为 δ 。

所以，每个区域每种分配原则下碳排放权所占比例为碳排放时期每年每个区域碳排放权比例的加总，如式（7.12）所示：

$$FR_{pri}(T_B,T_R,T_E,r)=\sum_{t=T_B}^{T_E} fr_{pri}(t,T_B,T_R,T_E,r) \quad (7.12)$$

最终，考虑公平和效率两种碳排放分配原则，从公平到效率过渡，其中间组合原则中，碳排放权所占比例表示如式（7.13）所示：

$$FR(T_B,T_R,T_E,\delta,\alpha_1,\alpha_2,r)=\alpha_1\cdot FR_{pop}(T_B,T_R,T_E,\delta,r)+\alpha_2\cdot FR_{gdp}(T_B,T_R,T_E,\delta,r) \quad (7.13)$$

式中，α_1为人口原则下的碳排放权分配原则所占权重；α_2为GDP原则下的碳排放权分配原则所占权重，其中$\alpha_1+\alpha_2=1$。

7.4.3　分配模型模拟结果分析

1）不同权重对碳排放权分配的影响

如图7.9所示，若其他参数不变，仅改变各原则在组合关系中所占权重，则碳排放权分配变化具有如下特征：

（1）图7.9中每幅图的最左边为GDP原则下各区域不同年份的碳排放权分配值，各地区的区域程度明显小于右端，表明GDP原则下碳排放权分配表面更均衡，但该原则对发达地区更有利，而落后地区的历史碳排放没有得到补偿，有可能拉大区域差距；

（2）GDP原则下各区域碳排放权区域差异随起算基年后延而增大，人口累计原则下碳排放权区域差异随起算基年变化不大；

（3）从GDP原则向人口累计原则过渡，东部沿海、南部沿海和京津地区碳排放权下降明显，而中部地区、西南和西北地区碳排放权上升显著，差异的扩大有利于不发达地区；

（4）从GDP原则向人口累计原则过渡，东部发达地区碳排放权逐渐变少，而中西欠发达地区碳排放权逐渐增多，有利于中西部地区加速发展，从而缩小区域的差距；

（5）起算基年后延，中部地区碳排放权增速减慢，而西南地区碳排放权增速加快。东部沿海地区碳排放权减速变快，东北地区碳排放权减速变慢；

（6）不同权重，不同年份下，北部沿海地区的碳排放权基本没有影响。

2）不同基年，不同权重下的碳排放权区域差异

采用变异系数（CV）来描述不同基年、不同权重影响下的碳排放区域差异变化，如图7.10所示，可以发现：①不论基年如何变化，不同权重组合下，碳排放权的区域差异均呈U形；②区域差异最小点先下降后升高，1995~2018年为基年时，区域差异最小点下降，之后上升；③随着起算基年的后延，区域碳排放区域最小差异点向人均累计原则靠近；④以1995~2026年为基年时，GDP原则下碳排放权区域差异小于人均累计原则下。2034~2050年，则相反，2026~2034年为过渡阶段。

3）不同基年下，折旧变化对碳排放权区域差异的影响

选择不同的基年，折旧率变化对碳排放权区域差异的影响如图7.11所示：①以1995~2010年为基年计算，GDP原则下区域差异大于2026~2050年为基年计算；②以

1995~2010 年为基年时，区域差异随折旧率上升而下降，且下降速度递增；以 2010~2026 年为基年时，区域差异随折旧由小变大；2026~2050 年为基年，区域差异随折旧增加而增加，且增速不断上升；③随着基年后延，区域差异总体扩大。

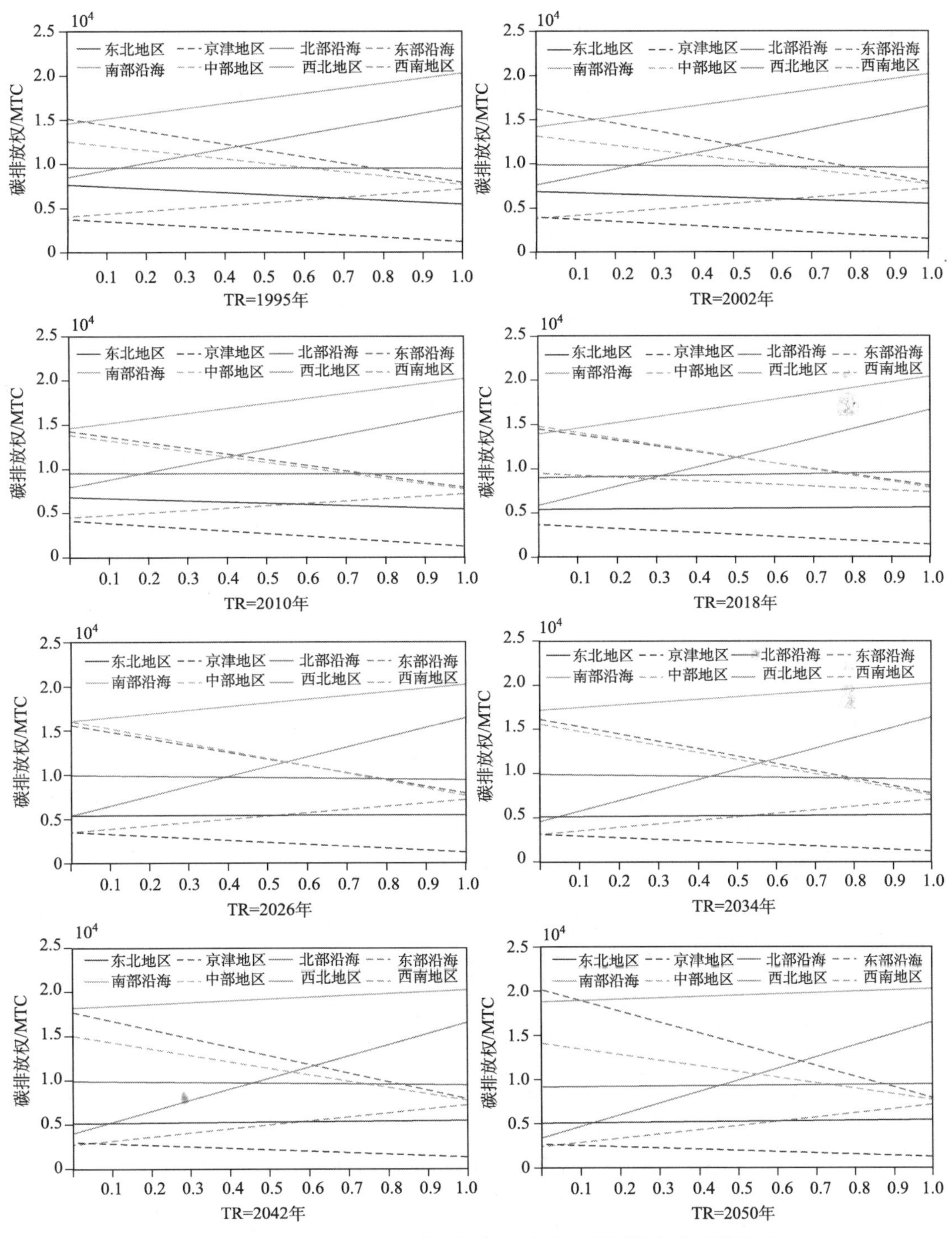

图 7.9　1995～2050 年不同权重变化对碳排放权分配的影响

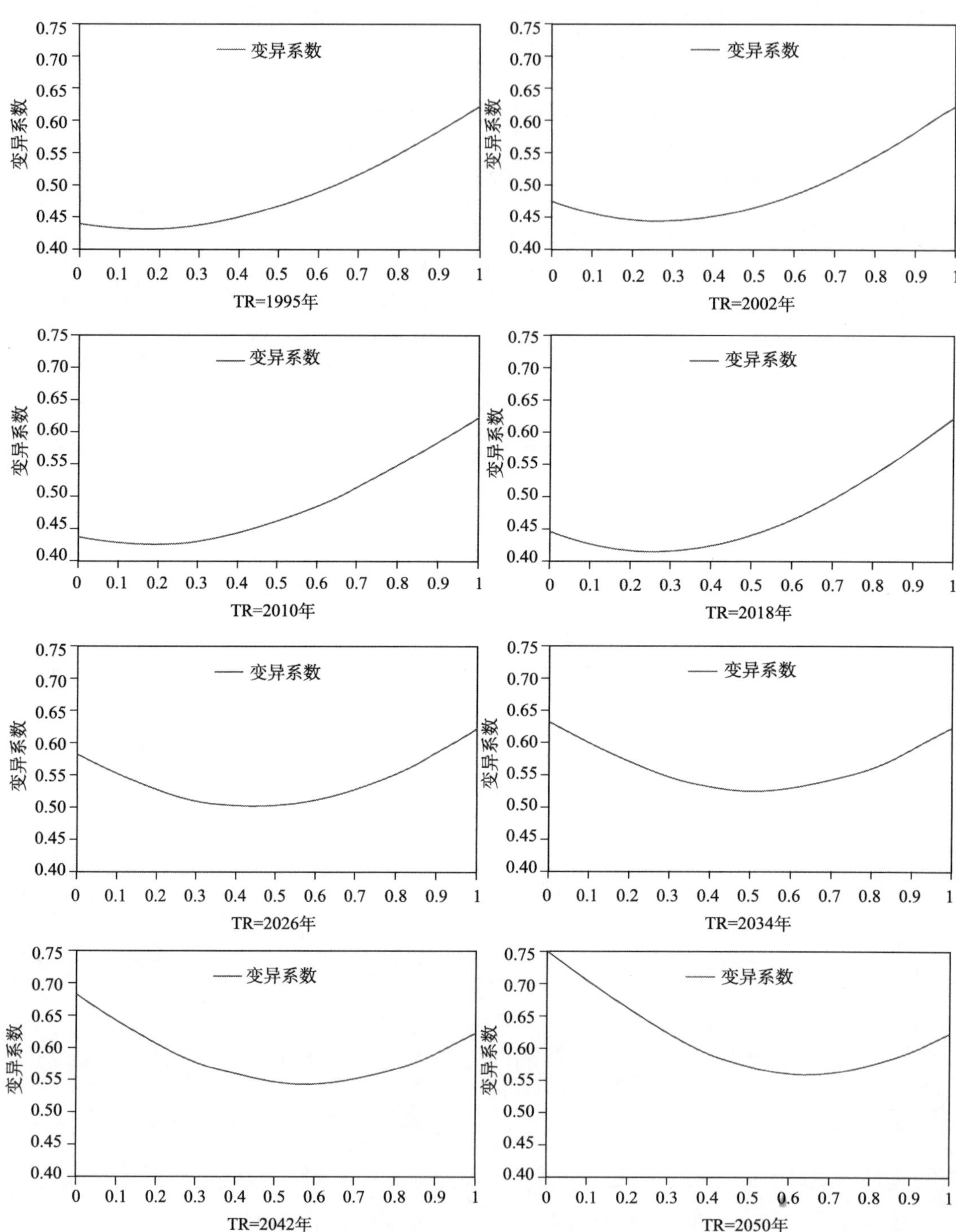

图 7.10　1995～2050 年不同基年、不同权重变化对碳排放权分配的影响

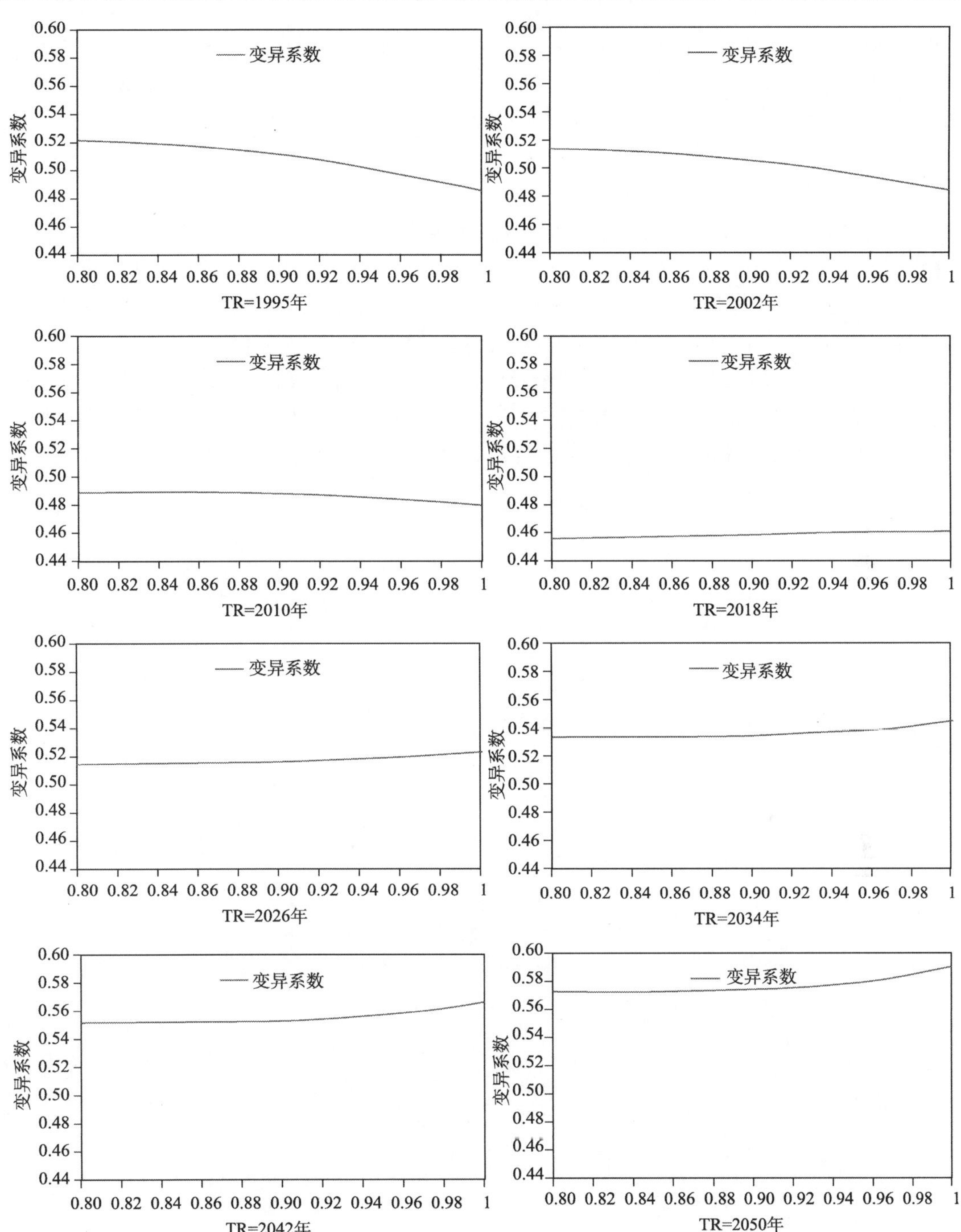

图 7.11　1995～2050 年折旧系数变化对碳排放权分配的影响

4）碳排放权分配方案对比

由分配模型可知，碳排放权分配方案的动态变化取决于三个因素，即不同原则所占权重、碳排放权划分基年和折旧系数，三种因素的不同组合可产生出复杂多变的分配方案，本节选出四种代表性分配方案，并对方案进行对比分析，其中两种方案会导致区域间碳排放权分配差异缩小，两种方案导致区域碳排放权差异扩大。

如图 7.12 和图 7.13 所示，方案 1 和方案 2 两种情景下，碳排放的区域差异会给缩小，方案 1 中，不考虑折旧，人口累计原则所占比例为 30%，GDP 原则所占比例为 70%，方案 2 中，折旧系数为 0.8，人口累计原则所占比例为 60%，GDP 原则所占比例为 40%，则两种方案的基本特点为：①对方案 1，采取区域差异缩小方案，最佳基年选择是 2010 年，其次基年选择是 2010 年以前，以 2025 年后作基年会增加区域差异；②对方案 2，最佳基年选择为 2010 年，此外，选择在该年之前或之后作为基年区别不大；③方案 2 的碳排放权分配区域差异变化波动明显小于方案 1；④方案 1 和方案 2，中部地区均获得最大碳配额，京津地区获得最小碳配额；⑤方案 1 和方案 2 最大的不同在于方案 1 中，东部沿海地区获得的碳配额较多，而方案 2 中西南地区将获得更多的碳排放权。

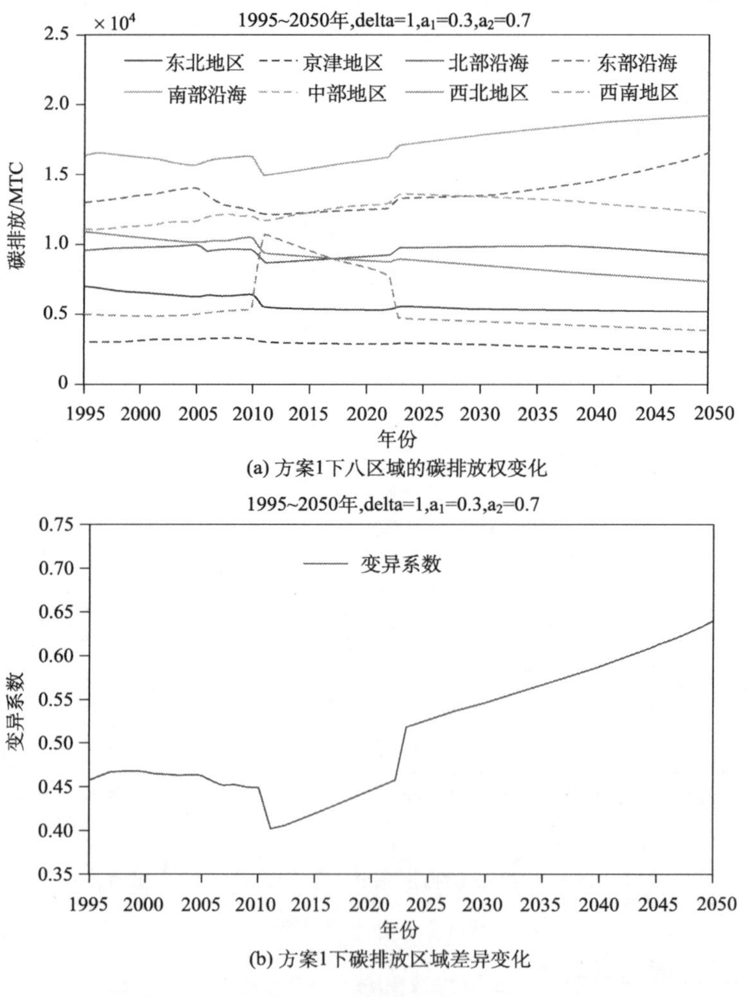

(a) 方案1下八区域的碳排放权变化

(b) 方案1下碳排放区域差异变化

图 7.12 方案 1 下八大区域碳排放权及区域差异变化

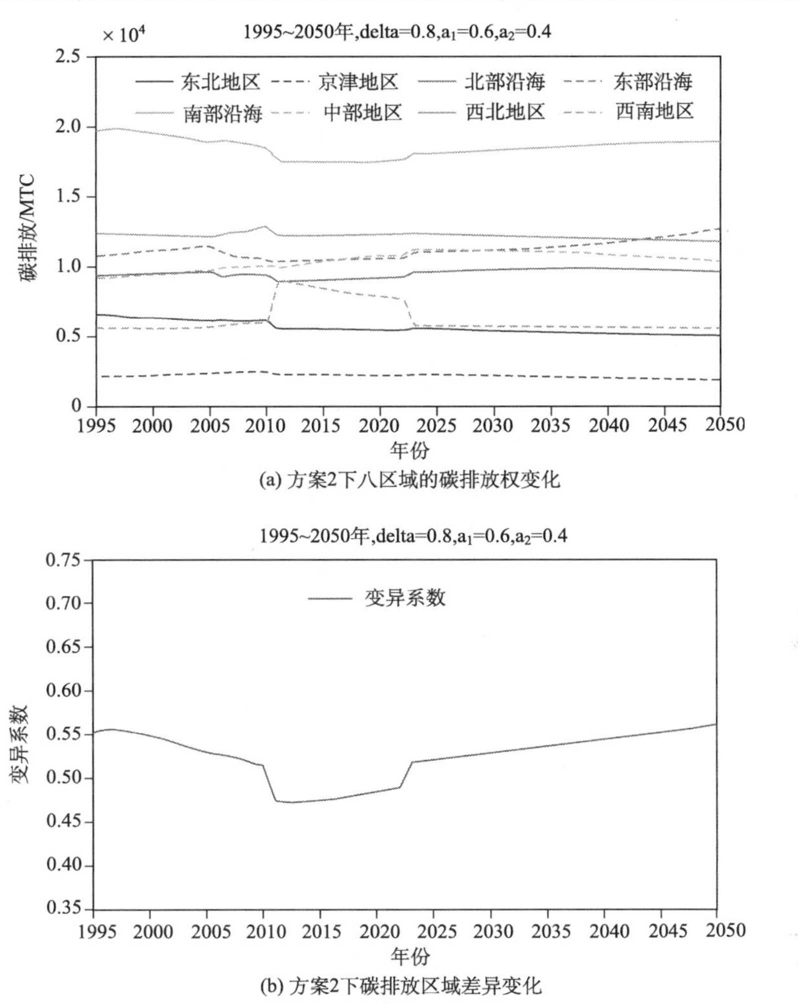

(a) 方案2下八区域的碳排放权变化

(b) 方案2下碳排放区域差异变化

图 7.13　方案 2 下八大区域碳排放权及区域差异变化

如图 7.14 和图 7.15 所示，方案 3 和方案 4 两种情景下，碳排放的区域差异会变大，方案 3 中，折旧系数为 0.8，人口累计原则所占比例为 100%，GDP 原则所占比例为 0%，方案 4 中，不考虑折旧，人口累计原则所占比例为 0%，GDP 原则所占比例为 100%，则两种方案的基本特点为：①方案 3 较方案 4 平滑，方案 3 中，碳排放权排在前三的地区是：中部地区、西南地区和北部地区；②方案 4 波动较大，碳排放权排在前三位的是东部地区、中部地区和南部地区；③随着基年后移，方案 3 中，中部地区碳排放权逐渐减小，而西南地区碳排放权逐渐增加，其他地区碳排放权变化不明显；④随着基年后移，方案 4 中，西南、西北、东北地区碳排放权均下降；⑤两种方案情景均会扩大碳排放区域差异，但方案 3 牺牲发达地区碳排放权，而方案 4 牺牲欠发达地区的碳排放权；⑥对方案 3，基年选择越早，碳排放权的区域差距扩大越明显，对方案 4，基年选择越晚，碳排放权的区域差距扩大越明显。

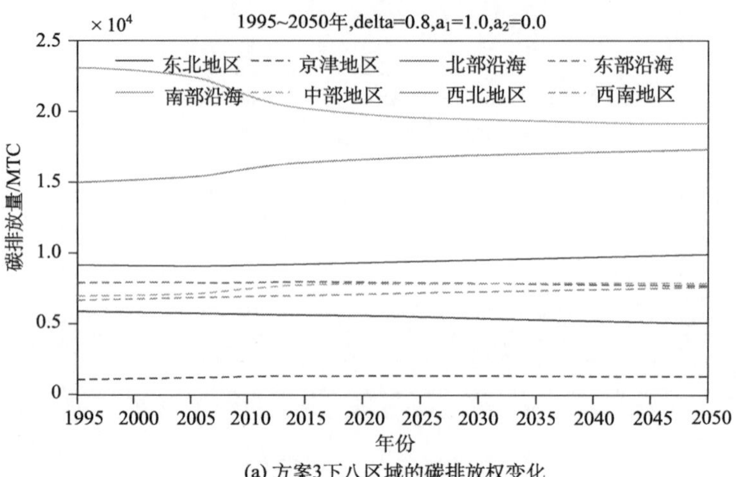

(a) 方案3下八区域的碳排放权变化

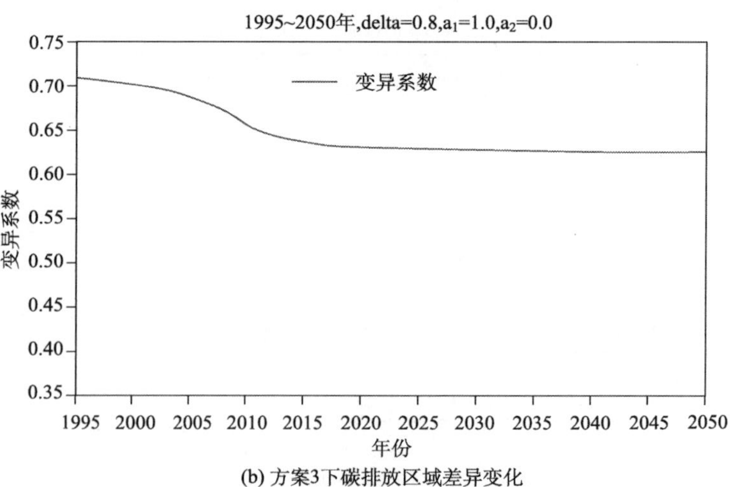

(b) 方案3下碳排放区域差异变化

图 7.14　方案 3 下八大区域碳排放权及区域差异变化

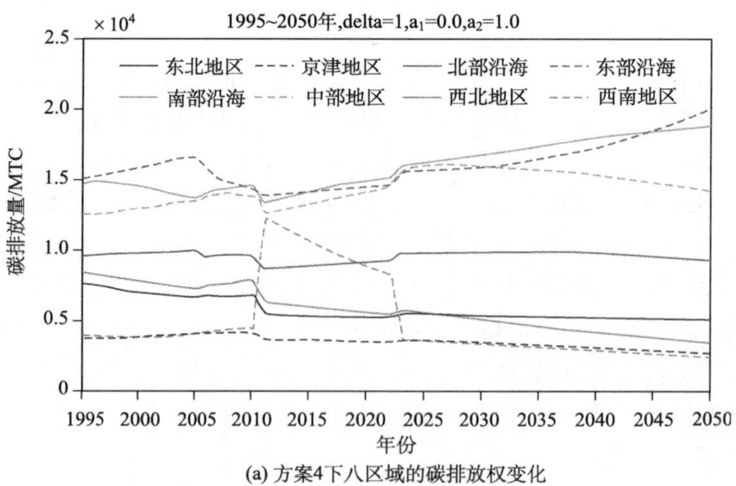

(a) 方案4下八区域的碳排放权变化

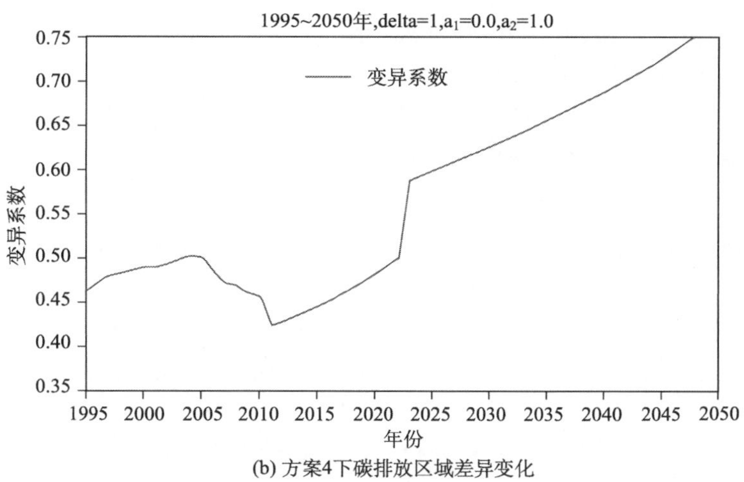

(b) 方案4下碳排放区域差异变化

图 7.15　方案 4 下八大区域碳排放权及区域差异变化

7.5　本 章 小 结

本章主要讨论 IAM 模块中的碳排放权分配模块，是对刘晓（2012）碳排放权分配方案的进一步深入。本章主要解决两个问题，一是碳排放权分配的区域公平问题，基于碳排放权分配必须体现区域公平与效率的双重属性，并考虑碳排放权分配的两个基本原则，即人均累计平等排放原则和差别原则，前者保证每个居民不论其所处的省份、身份以及经济水平，均平等地享有相同的碳排放权；后者承认区域间存在差异，并保证各省份位于其最优的增长路径上。以这两条原则为基础，构建出碳排放权框架，并将某段时间划分为历史时期（1995~2010 年）和未来时期（2011~ 2050 年）两个时段，计算各省份的碳排放权账户，讨论各省份的碳排放权分配盈亏状况。二是碳排放权分配原则动态变化问题，探讨：①碳排放权分配原则组合方式的变化对碳排放权分配的区域影响；②折旧的变化对碳排放权分配的区域影响；③碳排放权分配起算基年变化对碳排放权分配的区域影响。对这三个问题进行深入分析，得到如下结论：

（1）从历史上看，受经济基础、能源分布和人口因素的影响，我国北方地区属于碳排放亏损的传统地区，而南方大部分地区属于碳排放权盈余地区。

（2）从历史时期过渡到未来时期，北方地区碳排放权亏损而南方地区碳排放权盈余的分布格局未有大的变化，反而亏损和盈余中心的亏损或盈余比例上升。

（3）从地域上看，两时期内，三大地区碳排放权亏损或盈余省份数基本保持不变，但各地区总盈余量或总亏损量比例变化较大，东部地区盈余比例显著上升；中部地区盈余比例基本不变，而亏损比例上升较大；西部地区盈余比例下降较大，而亏损比例基本不变，从而导致中西部地区碳排放权差异扩大。

（4）从碳排放权的时空演化看，碳排放权亏损或盈余比例越级变化的可能性较小，碳排放权亏损比例大于 5%的省份不可能转化为盈余，而碳排放权盈余比例超过 10%的省份不可能转变为亏损，碳排放权由亏损转变为盈余的概率大于由盈余转变为亏损的概率。

（5）保持其他参数不变，改变碳排放权分配原则的权重，碳排放权区域差异会随基年后移而加大，随着 GDP 原则所占权重变小，不发达地区碳排放权会增多，从而有利于欠发达地区发展，缩小区域间的经济差距。

（6）同时考虑基年变化和权重变化，则不论基年如何变化，不同权重组合下，碳排放权分配的区域差异均呈 U 形；且随着起算基年的后延，碳排放区域差异最小点向人均累计原则靠近，当起算基年为 2018 年时，区域差异最小。

（7）同时考虑基年和折旧变化，则以 1995～2010 年为基年计算，区域差异随折旧率上升而下降，且下降速度递增。以 2026～2050 年为基年时则相反，随着基年后延，区域差异总体扩大。

（8）同时考虑基年，折旧和权重变化，选择 4 种组合方案，则方案 2 中，选择折旧系数为 0.8，人口累计原则所占比例为 60%，GDP 原则所占比例为 40%时，碳排放权分配的区域差异最小，也最有利于落后地区的经济发展。

总体而言，本章构建了两个减排框架，第一个框架有效解决了碳排放权分配的公平与效率问题，能促使经济发达地区将对经济不发达地区进行有效的碳排放权补偿，有利于促进落后地区经济发展，缩小区域差异，但基于框架的原始设定，少数地区仍将走入“弱者恒弱”的马态效应怪圈，如新疆、青海等西北地区的人口小省和山西、内蒙古等能源生产大省始终处于碳排放权亏损状态，因此，如何在本书框架基础之上，引入新的减排原则，改善这部分省份的碳排放权不利地位，还需进一步研究。第二个框架实现了碳排放权的动态化，在改变碳排放权分配起算基年、折旧系数和分配权重时，能模拟不同情景下的碳排放权分配的区域影响，尽管本章所给框架稍显简单，如分配原则仅有两个，但框架具有很好的可扩展性，可通过编写软件，将参数外生，从而模拟复杂情景下的碳排放权分配影响。

第 8 章　区碳排放决策支持系统开发探讨

决策支持系统（decision support system,DSS）是综合利用各种数据和模型，以计算机处理为基础的人机交互信息系统，该系统能充分综合管理学、数学、数据库等学科的综合成果，提高决策效率。而空间决策支持系统则将主要行为定位于空间决策支持，提取隐含于空间数据中的某些事实和关系，并以图表和文字形式加以直接表达，为现实世界中的各种应用提供科学、合理的决策支持，使决策更加符合客观事实并具有合理性。

目前大量的气候变化模型均为单一模型，仅解决某一方面的问题，而无法涉及全面性，且同一数据在不同模型下可能产生不同结果，当情景改变时，也需花费大量时间调整模型，从而降低了模型使用效率。此外，当问题复杂时，模型如何扩展？各模型之间如何实现数据共享？不同模型的结果如何统一比较？模型参数变化对经济系统的敏感性如何？等问题变得越来越突出，其解决的复杂性也急剧上升，基于此，“中国区域碳排放决策支持系统”为以上问题提出了解决方案，也将大大节约成本，提高用户决策效率，因而将带来巨大的社会效益。

本章将综合前面 4 章的最优能源与经济增长模块、最优能源结构模块、投入产出模块、模糊目标规划模块、碳配额模块 5 个模块，以中国为一个区域，研究并开发区域碳排放决策支持系统，该系统以中国区域碳排放基础数据库为基础，主要包括“中国社会经济人口数据库”“中国温室气体排放数据库”“中国分省区基础地理空间数据库”等数据库，将 5 个模块所属模型与数据库中各种指标及空间信息结合，使系统具有信息查询、统计分析、空间表达、决策模拟、可视化等功能，能反映中国区域尺度最优经济增长路径、能源碳排放路径、碳税及碳配额对经济系统的影响，为国家减排模拟与决策提供了定量分析工具，为相应减排政策的制定提供应用支撑。

8.1　系统分析

系统分析的目的是从系统的观点出发，对事物进行分析和综合，找出各种可行的方案，为系统设计提供依据，主要包括需求分析和可行性分析两部分。

8.1.1　需求分析

1. 功能性需求

1）功能描述

本系统的功能主要包括数据查询、数据处理和数据可视化等功能。对于数据查询，系统可以以图表等形式表达不同省份历史时期的社会经济人口数据，能源、碳排放等相关数据。对于数据处理，系统采用模型库的模型，通过参数输入、生产函数设定、效用函数设定、人口函数及能源结构等参数的设定，动态反映经济稳定增长情景下的中国区域能源、人口、碳排放量、碳配额、减排率、产业结构、碳税等指标变化对经济系统的影响，并能根据需要设定不同的情景，通过对不同情景的比较分析，为相关人员决策的提供客观依据。对于数据可视化，主要包括一般图表表示和空间可视化表示，前者以柱状图或线状图或二维表来反映模型处理结果或情景比较结果，后者通过GIS可视化技术，对模型数据进行空间可视化处理，通过专题地图等形式反映数据的空间分布规律及转移动态。

2）用户分析

系统的用户主要包括两类，一类是相关领域专业管理人员，他们是未来软件的实际使用者，也是真正了解本软件的业务需求的领域专家。本系统的作用是辅助决策，即为相关管理部门了解中国区域资源环境信息和社会经济统计信息的特点及规律，为其作为正确客观的决策提供依据；另一类是相关学科科研人员，将本系统作为科研工具，以便对资源环境信息和社会经济统计信息进行系统综合分析及情景模拟，以发现中国区域碳排放的相关规律，特别是空间规律。

3）系统流程

系统流程图如图 8.1 所示，事件流为：①系统启动时，显示 4 个子系统，用户选择进入某个子系统；②若用户选择进入中国分省区能源碳排放系统、中国碳排放配额地理信息系统或中国最优能源结构演化系统，则可开展数据查询或模拟计算功能，其中查询包括普通图表查询（柱状图查询、二维表查询）和空间可视化查询（专题地图查询），并能针对不同区域的相关指标进行比较查询；③若用户继续选择对模型进行计算，则可通过改变模型政策参数模拟不同情景下的相关指标变动对经济或碳排放系统的影响，如生产函数、效用函数、碳配额等相关指标变动对未来中国各省份碳排放量、能源消耗量、减排率等指标的影响，并通过数据库更新，为下一次查询提供数据支持；④若用户选择进入中国碳税情景分析模拟系统，则可针对芬兰、瑞典和欧盟碳税情景进行模拟，此外，用户也可以通过参数设定，选择不同产业结构变化下三种碳税情景的影响；⑤查询或模拟结束，用户可选择退出系统。

2. 非功能性需求

非功能性需求解决的是系统的高效性问题，是相当重要而又容易被忽略的部分。非功能性需求简称“URPS+”，即可用性（usability）、可靠性（reliability）、性能（performance）、可支持性（supportability）及其他（+），本系统重点讨论可用性、可靠性和可支持性。

1）可用性

可用性泛指能让用户顺利用系统的一类指标，包括易用性（易操作性、易理解性），准确性，安全性（权限体系、访问限制），兼容性（服务器兼容性、客户端兼容度）等。考虑可用性，本系统在设计上尽量将模型复杂机理内生，通过政策参数的改变影响模型，由于需要使用混合编程，系统设计还需保证软件接口和版本的兼容性，此外，考虑系统的易用性，系统前期暂不设置访问权限，并对各子系统用户操作界面进行统一设计，并统一操作风格，对用户操作过程给予必要的提示，使用户能迅速掌握本软件的使用方法。

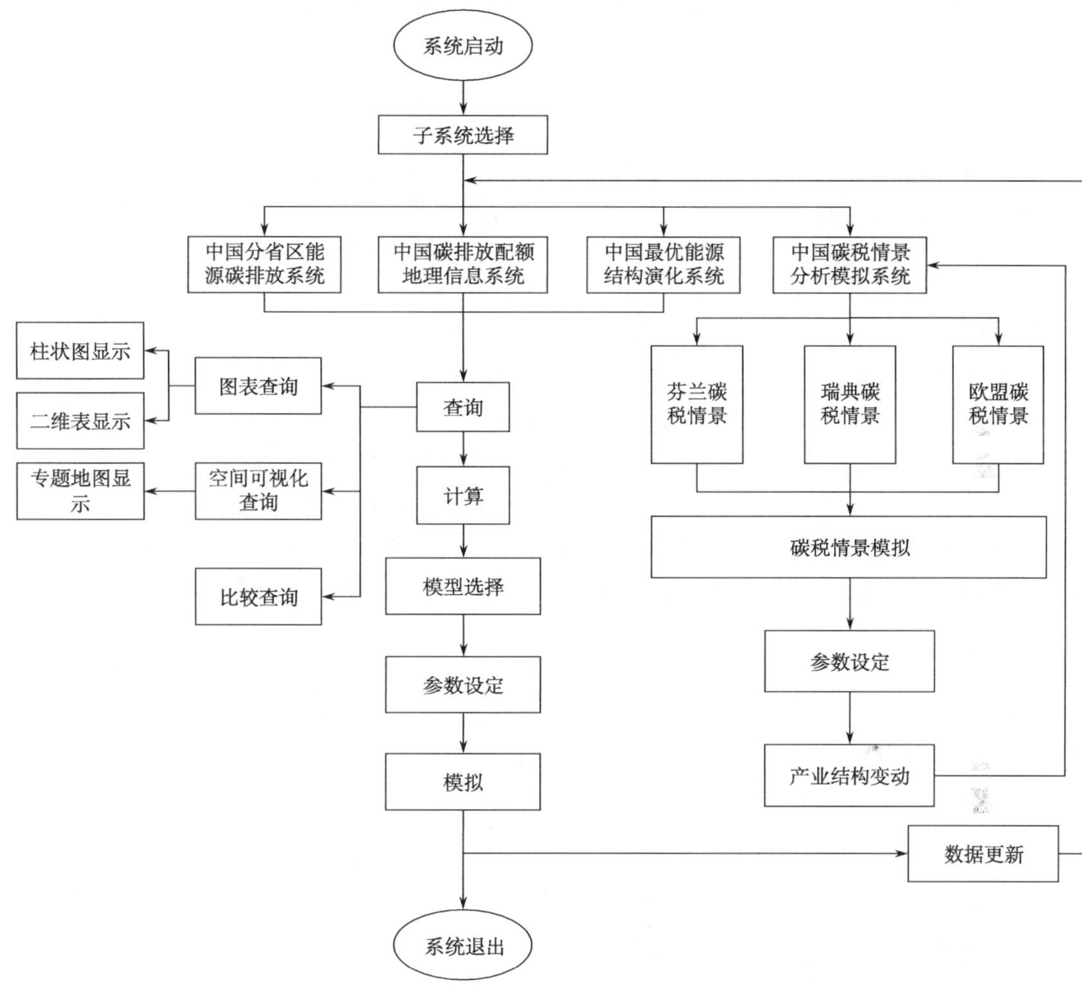

图 8.1　系统结构图

2）可靠性

可靠性指系统可以稳定运行，包括系统的成熟度、数据容错度和系统易恢复性等指标。因此，本系统选择成熟的开发语言 C#，规划求解工具 GAMS，矩阵运算软件 Matlab，.NET 开发平台和 SQL Server、ACCESS 和 Excel，并对系统开发过程中可能出现的失误操作进行预判，并尽量予以排除。

3）可支持性

即软件的可支持性、易变更性。可支持性对用户而言一般是透明的，即客户通常并不关心，但在设计上，必须充分考虑软件日后的升级和维护，即考虑软件是否能有效识别系统模型可变的需求，并提供合理的方案。本系统在设计中集成了四大模块，各模块之间存在松耦合关系，即模块之间具有较大的独立性，这为系统日后的升级和扩展提供了接口，如果在后期开发中，需要用更精确的模块替代系统中的某个模块，或者在原系统基础上添加某个模块并不会破坏系统原有的架构，从而保证系统开发的一致性。

8.1.2　可行性分析

可行性分析是在对用户需求分析的基础上，从社会因素、技术因素和经济因素等方面对建立系统的必要性和实现系统目标的可能性进行分析。在本系统中，重点考虑技术可行性和社会可行性。

1. 技术可行性

本系统在硬件和软件上均具备坚实的基础。硬件方面，依托于华东师范大学区域科学与地理计算研究中心，挂靠华东师范大学地理信息科学与教育部重点实验室，具有高性能计算系统，可以进行大型模型计算，同时合拥有合法的 Matlab、GMAS、Visual Studio、Arcgis Engine 等系统开发软件，能够为本系统提供强有力的技术支撑。软件方面，本实验室有较为深厚的知识与技术积淀，同时本系统属于国家重大研究计划（973）2012CB955800 资助，有较好的专家支持系统。

2. 社会可行性

针对当前气候变化模型的不足，“中国区域碳排放决策支持系统”可有效解决与碳排放相关的社会问题，特别是对政府决策支持起重要作用，能减少决策复杂性，节约社会成本，提高效率，因而具有社会可行性。

8.2　系统详细设计

8.2.1　人机交互界面设计

界面设计必须具备可使用性、灵活性、复杂性和可靠性等特征（毕硕本等,2003）。人机交互界面是系统是连接人与系统的中间纽带，是决策者用以获取各类信息的主要入口和交互界面。一方面用户用系统提供信息并提出任务要求，另一方面系统向用户提供各种解决方案和辅助决策信息，或者通过反馈向用户索取为完成任务所需补充的信息。

随着 20 世纪 70 年代计算机图形学的发展及图形化的多窗口用户界面出现，为人机交互界面的开发提供了强有力的支持，基于 Window 程序设计方式给软件设计带来了重大变革，图形用户界面（graphical user interface，GUI）成为 PC 工业界内最重要的共识，它不仅使用户再也不必花费大量的时间学习如何用计算机或掌握某个新程序，也使用户与程序的互动变得更加紧密（Petzold,1999）。因此，本系统采用 Windows 界面，集菜单、工具栏、控制面板、图形显示等可视区域于一体，各种减排参数及其他控制参数输入、输入界面与日常使用习惯一致，使其贴近用户，使初学者容易掌握，此外，用户也可对可视区域进行设置和调整，使其适合用户需要，最终形成用户界面可操作性强、图形操作界面清晰的人机交互界面。系统开始界面如图 8.2 所示。

图 8.2　系统界面

8.2.2　数据库设计

如总体设计描述，本系统数据库包括空间数据和属性数据两类数据，辅助用户对数据进行分析、综合，进而进行所需的决策。空间数据用于描述空间实体的几何位置及各实体间的空间关系，具有空间特征、专题特征和时间特征，采用空间数据库存储。属性数据用于描述实体的自然、社会经济人口、温室气体排放等特征，采用二维表形式存储。

1. 空间数据

系统所需的空间数据主要为中国各省级行政区的边界数据及附加在行政区上的点、线、多边形等其他空间要素数据，因此，在空间数据库设计上以图层形式来存储，即按空间实体的要素类别来划分图层，将点状、线状和多边形状实体分别存放于不同图层。

在系统中，由于空间数据包括多个层次，因此空间数据组织形式采用多要素叠加，基于该组织形式，空间数据分析包括两个层次：一是对同一时段不同温室气体排放指标之间的叠加，用于气候变化影响状况的综合评价或分区；二是对同一地区不同时间序列数据间的叠加分析，用于反映区域气候变化规律。

2. 属性数据

属性数据采用传统的 ER（entity relationship）方法，即实体-联系方法，用于描述和定义系统中的信息及其内在联系，其过程分为三步：①将实体及其属性转化为关系及其属性，在基本 ER 图中，每个实体均转化为一个关系，实体名作为关系名，实体属性作为关系性，如温室体排放（编号、总能源消费、各能源品种消费、总碳排放量、各能源品种碳排放量、人均排放量），其中编号为关键字；各品种能源碳排放量可以转化为一个能源碳放的关系（编号、各能源品种碳排放量、年份），关键字为编号。②将不同实体之间的联系转化为关系，共有三种，即 m∶n 联系、m∶1 联系、1∶1 联系。③规范化关系模式，去掉 E-R 图中可能存在的冗余关系，分析所得关系是否存在部分依赖、传递领带和多值依赖等，进行模式的规范化，数据库如图 8.3 所示。

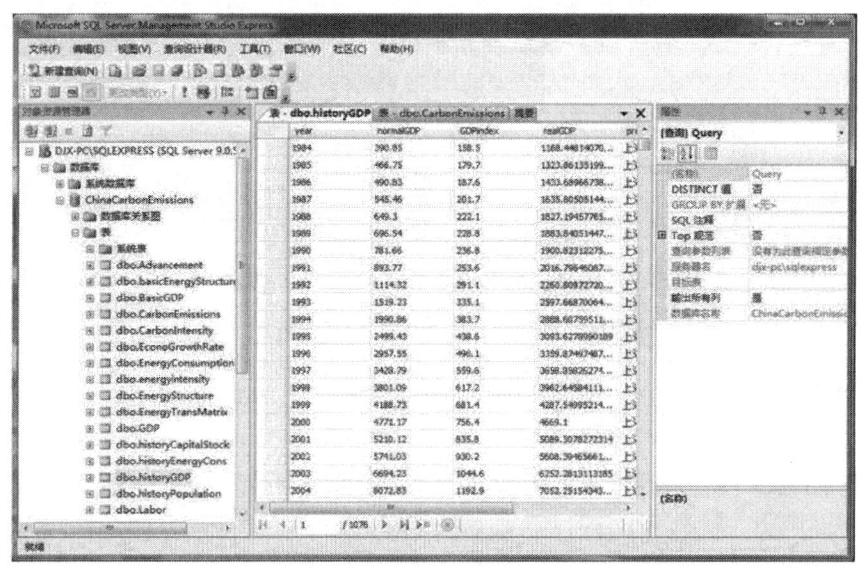

图 8.3　系统数据库

3. 数据连接

系统空间数据与属性数据连接如图 8.4 所示，空间数据与属性数据采用分离组织存储方式存储，以增加系统数据处理的灵活性，尽量减少计算机系统不必要的时间和空间开销。两者通过关键字建立双向联系，如图 8.5 所示，将属性数据规范统一到一个统一的空间数据平台，以便多要素、多时段数据综合分析，数据连接后，系统数据库包括两方面功能：一是实现对空间数据和属性数据的管理功能，如数据表的新建、增加、删除、改动等；二是实现空间数据和属性数据的综合处理功能，属性数据更新到空间数据库的核心代码如程序段 8.1 所示。

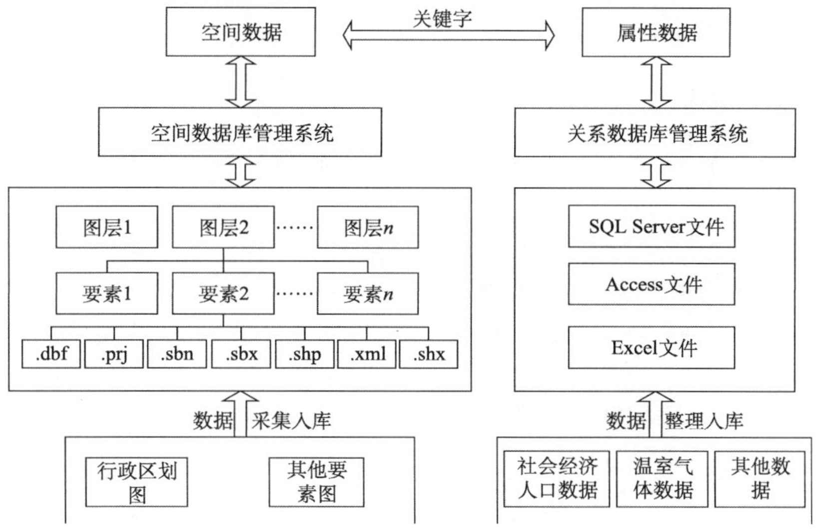

图 8.4　数据联接框架图

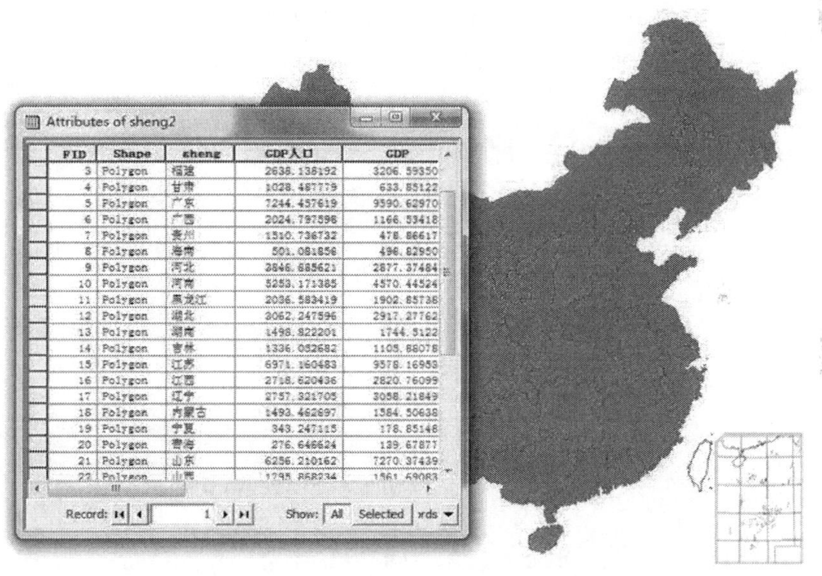

FID	Shape	sheng	GDP人口	GDP
3	Polygon	福建	2638.138192	3206.59350
4	Polygon	甘肃	1028.487779	633.85122
5	Polygon	广东	7244.457619	9590.62970
6	Polygon	广西	2024.797598	1166.53418
7	Polygon	贵州	1510.736732	478.86617
8	Polygon	海南	501.081856	496.82950
9	Polygon	河北	3846.685621	2877.37484
10	Polygon	河南	5253.171385	4570.44524
11	Polygon	黑龙江	2036.583419	1902.85738
12	Polygon	湖北	3062.247596	2917.27762
13	Polygon	湖南	1498.822201	1744.5122
14	Polygon	吉林	1336.052682	1105.88078
15	Polygon	江苏	6971.160483	9578.16953
16	Polygon	江西	2718.620436	2820.76099
17	Polygon	辽宁	2757.321705	3058.21849
18	Polygon	内蒙古	1493.462897	1584.50638
19	Polygon	宁夏	343.247115	178.85148
20	Polygon	青海	276.646624	139.67877
21	Polygon	山东	6256.210162	7270.37439

图 8.5　空间数据与属性数据关联的空间化过程

程序段 8.1 Shape 文件数据的更新

```
private void updataDataOfShapeFile(DataTable toUpdataTable)
    {
        IMap pMap = axMapControl1.Map;
        ILayer pLayer = pMap.get_Layer(0);
        IFeatureLayer pFeatureLayer = pLayer as IFeatureLayer;
        IFields pFields = pFeatureLayer.FeatureClass.Fields;
        IFeatureSelection pFeatureSelection = pFeatureLayer as IFeatureSelection;
```

```
            IQueryFilter pQueryFilter = new QueryFilterClass();
            for(int i = 0; i < toUpdataTable.Rows.Count; i++)
            {
                string rowName = toUpdataTable.Rows[i][0].ToString();
                pQueryFilter.WhereClause = "sheng='" + rowName + "'";
                pFeatureSelection.SelectFeatures(pQueryFilter,
esriSelectionResultEnum.esriSelectionResultNew, false);
                if(pFeatureSelection.SelectionSet.Count == 0)
                {
                    MessageBox.Show("数据没有找到");
                    continue;
                }
                ISelectionSet pSelectionSet = pFeatureSelection.SelectionSet;
                ICursor pCursor;
                pSelectionSet.Search(null, true, out pCursor);
                IFeatureCursor pFeatureCursor = pCursor as IFeatureCursor;
                IFeature pFeature = pFeatureCursor.NextFeature();
                for(int j = 1; j < toUpdataTable.Columns.Count; j++)
                {
                    int index = j + 2;
                    pFeature.set_Value(index,toUpdataTable.Rows[i][j]);
                    pFeature.Store();
                }
            }
            MessageBox.Show("数据更新成功，请进行专题地图设置");
        }
```

8.3　系 统 实 现

8.3.1　系统计算

系统计算分为四大块，分别对应本书第 2～5 章。

1. 各省份能源碳排放量计算

中国分省份能源碳排放的计算来自于中国分省份能源碳排放子系统，对应本书第 2 章，其核心计算模块流程如图 8.6 所示，模型来自于朱永彬等（2010）。碳排放需求从宏观经济变量中的经济增长率、人口增长率和经济平衡增长角度来分析，因而能保障经济在平稳增长轨道上运行。

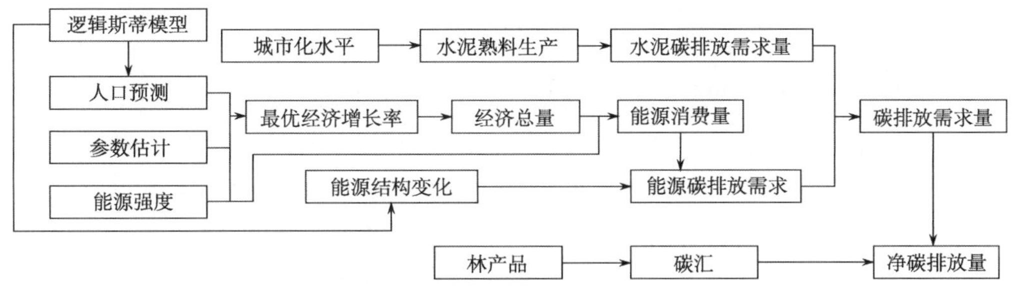

图 8.6　各省份碳排放未来需求量计算流程图

系统首先从数据库中取出模型所需要的人口、经济、能源结构等数据，政策参数可采用默认值也可手动设置，将区域划为东、中、西三大区，对每个区域内的不同省份参数进行设置，参数设置如图 8.7 所示，完成设定后，调用系统模块进行计算，结果保存在数据库中，用于情景分析或图形显示。

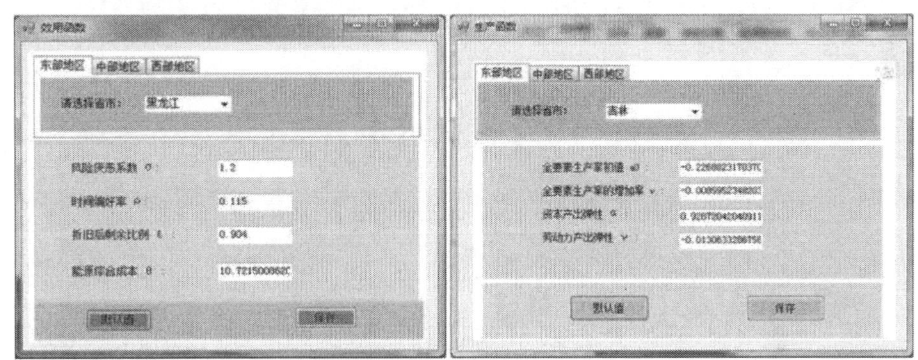

图 8.7　系统参数设置图

2. 区域能源结构演化计算

区域能源结构演化计算来自于子系统中国最优能源结构演化子系统，对应本书第 3 章，由于能源结构演化采用 GAMS 编程，该程序语言无法写成 DLL 形式，因此，在设计中，系统采用混合编程，在计算模块，启动“调用 GAMS 计算”按钮，重新开启一个进程，调用 GAMS 代码（图 8.8），另外，在 C#系统平台中提供 GAMS 代码中的外生政策参数设置，并与 EXCEL 进行数据互动（代码见附录 F），以完成不同的情景模拟，模拟结果保存数据库中。

3. 碳税情景模拟计算

区域能源结构演化计算来自于子系统中国区域碳税模拟子系统，对应本书第 4 章，碳税税率对产业结构产生影响，而产业结构数据来源于投入产出表，因此，首先需对投入产出表进行整理，然后导入数据库进行计算。模块相关政策参数设定为外生，可取默认值，也可手动调整（图 8.9）。由于该模块采用的模糊目标规划方法，并通过 Matlab

图 8.8　系统调用 GAMS 代码

图 8.9　碳税情景参数设置

语言实现，因此首先将 Matlab 代码写成函数形式，并通过 Deploy Tool 成 DLL 代码（附录 E）嵌入到 C#平台，核心计算代码见附录 C。

4. 计算各省份碳排放权配额计算

各省份碳排放权配额的计算来自于子系统的中国碳排放配额地理信息系统，对应本书第 7 章，其数据基础是中国分省份能源碳排放系统，在总碳排放权配额设定下（图 8.10），分别采取 GDP 原则、支付能力原则、人口原则、人口 GDP 原则和前瞻性原则，对各省份碳排放权配额行分配（程序段 8.2），并完成给定碳排放权分配量下的最优减排控制率计算。不同碳排放权分配原则组合下的区域碳排放权采用 Matlab 编程计算，通过设定不同碳排放权分配原则的权重和折旧，在满足权重之和为 1 的前提下，模拟不同权重组合对区域碳排放权分配的影响（图 8.11），该计算模块通过 DLL 形式嵌入系统中，核心代码见附录 D。

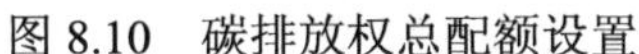
图 8.10 碳排放权总配额设置

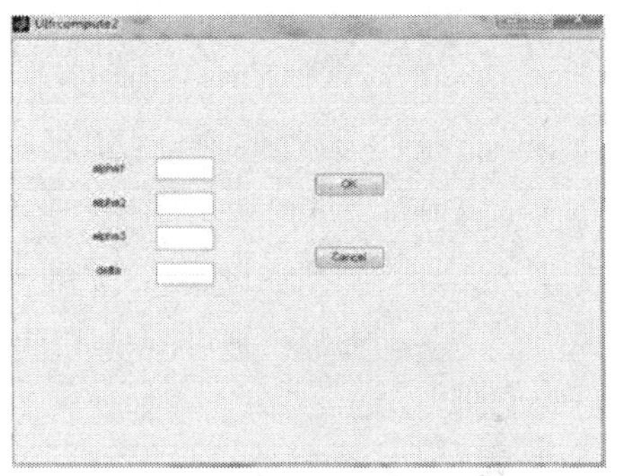
图 8.11 不同碳排放权分配原则组合设置

程序段 8.2 碳排放权分配代码

```
private void 计算碳配额 ToolStripMenuItem_Click(object sender, EventArgs e)
        {
            ComputebyGDP();// GDP 原则下碳排放权分配计算
            ComputebyPayment();// 支付能力原则下碳排放权分配计算
            ComputebyPeople();// 人口原则下碳排放权分配计算
            ComputebyPeopleAndGDP();//人口 GDP 原则下碳排放权分配计算
            ComputebyPrevious();// 前瞻性原则下碳排放权分配计算
            MessageBox.Show("计算完成");
        }
```

8.3.2 计算结果显示

二维表显示采用控件 dataGridView 实现，柱状图显示采用控件微软图件控件 MsChart 实现，Chart 的主要属性见代码段 8.3，MsChart 控件功能强大，为图形统计和报表图形显示提供了很好的解决方法。系统主要显示结果包括各区域的碳排放量（图 8.12）、减排控制率（图 8.13）、碳排放权配额（图 8.14）等数据。专题地图显示调用 Arcgis Engine 组件库，对数据进行专题地图渲染，采取四种表示方法，分别为分级着色法、饼状图、柱状图和点密度图（图 8.15）。显示内容包括各地区的碳排放量，不同原则下的碳排放权分配量、人均碳排放量等数据。

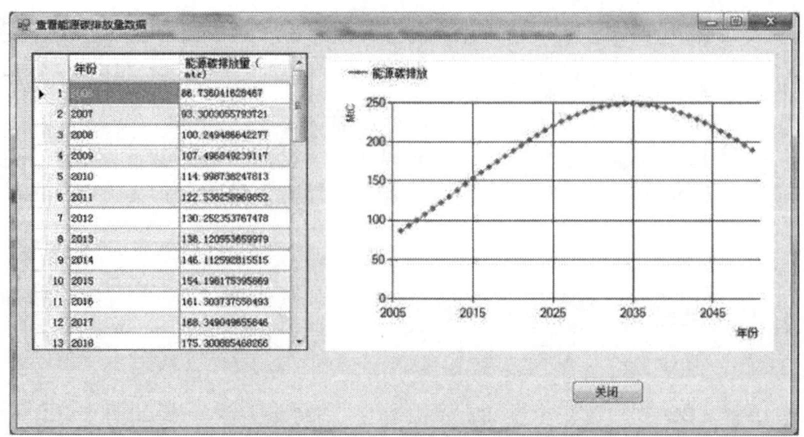

图 8.12　碳排放量显示

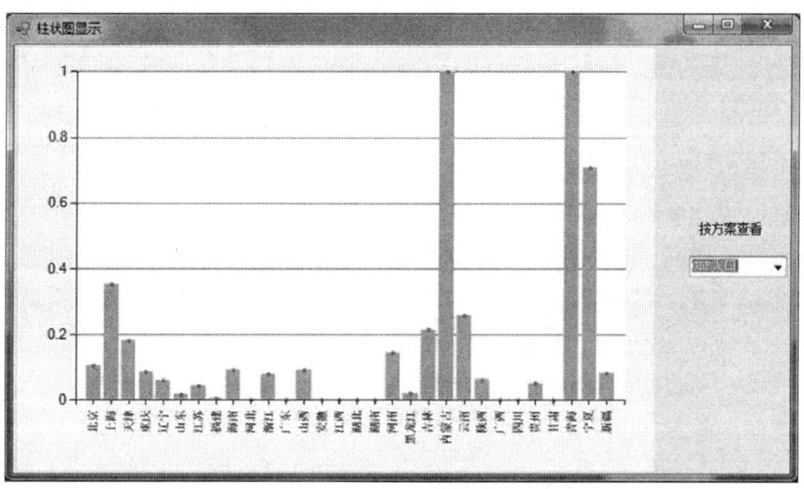

图 8.13　不同方案下的减排控制率显示

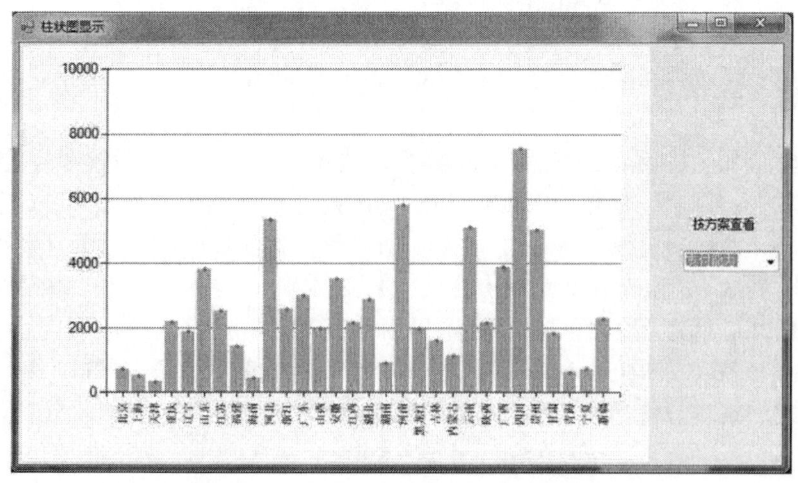

图 8.14　不同方案下的碳排放权配额显示

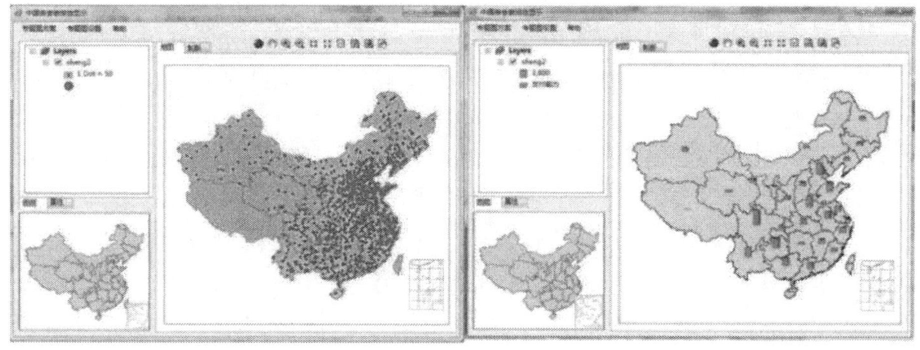

图 8.15　GIS 专题地图显示

程序段 8.3 MsChart 的主要属性

```
private void chartSet()
        {
            chart1.Series.Clear();
            chart1.Titles.Clear();
            chart1.Width = 600;
            chart1.Height = 400;
            chart1.BackColor = Color.Azure;
            chart1.Series[1].ChartType = SeriesChartType.Column;
            chart1.Series[1].IsValueShownAsLabel = false;//是否显示数据
            chart1.Series[1].IsVisibleInLegend = false;//是否显示数据说明
            chart1.Series[1].MarkerStyle = MarkerStyle.Circle;//线条上的数据点标志类型
            chart1.Series[1].MarkerSize = 4;//标志大小
            chart1.Series[1].MarkerColor = Color.Red;
            chart1.ChartAreas[0].AxisX.LineColor = Color.Blue;//X 轴颜色
            chart1.ChartAreas[0].AxisY.LineColor = Color.Blue;//Y 轴颜色
            chart1.ChartAreas[0].AxisX.LabelAutoFitMaxFontSize =10;
            chart1.ChartAreas[0].AxisX.TitleFont = new Font("宋体", 10f, FontStyle.Italic);
            chart1.ChartAreas[0].AxisX.TitleAlignment = StringAlignment.Far;
            chart1.ChartAreas[0].AxisY.Maximum = maxValue;//Y 轴最大值
            chart1.ChartAreas[0].AxisX.Interval = 1;//X 轴间隔
            chart1.ChartAreas[0].AxisY.Interval =100;//Y 轴间隔
        }
```

8.3.3　政策模拟的实现

设计政策模拟主要包括：①能源结构变动对碳排放量的影响，在给定的能源参数设置下，若能源结构发生改变时，碳排放量也会发生变化，并且可以以图形形式显示出来，如图 8.16 所示；②不同情景下能源结构演化规律，调整资本折旧率、时间偏好、电力能源弹性、非电力能源弹性等参数，则能源演化规律会呈现不同的变化，结果通过 treeView 和 datagridView 显示（图 8.17），具体结果分析见第 3 章；③不同碳税情景对产业结构变动的影响，在欧盟碳税、芬兰碳税和瑞典碳税情景或任意设定碳税情景下，碳税税率变化可对各行业部门的产值、碳排放量和能源消耗量产生影响（图 8.18），具体结果分析见第 4 章；④不同碳排放权原则分配方案组合对区域公平性的影响，刘晓（2012）已对不同原则下的碳排放权分配量和减排控制率进行计算（图 8.13、图 8.14），但各原则未能实现动态化，因此，在对其模型进行扩展时，对不同碳排放权分配原则赋予不同权重，并考虑碳排放权的折旧和起算基年，对该状况下的碳排放权区域差异进行模拟，结果如图 8.19 所示，具体结果分析见第 7 章。

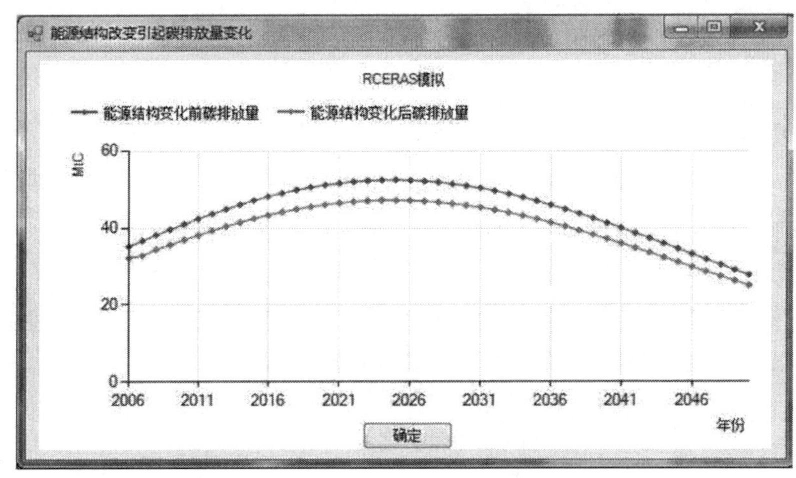

图 8.16　政策模拟与方案比较

OptEnergyTableShow

ELECTRICITYCOST
PERIODC_GDP
PLANTCOST
FUELCOST
TOTALCOST
CEMISSION
EMISSION
PERIODC_NEL
PERIODC_EL
PERIODC
ENERGY_SUPPLY
ENERGY_SUPPLY_EL
ENERGY_SUPPLY_NEL
RESERVE
CONSUMPTION_FUEL
CONSUMPTION_T
CONSUMPTION
PRICE
FUEL
OM
ELECTRICITY
SC
INVESTMENT
CAPACITY

F1	COAL	GAS	OI
2009	0.7433	1.5383	2.1
2010	0.7446	1.5367	2.1
2011	0.7195	1.5028	2.0
2012	0.6961	1.4964	2.0
2013	0.6792	1.4921	1.9
2014	0.6677	1.4878	1.9
2015	0.6581	1.4829	1.9
2016	0.6496	1.4778	1.9
2017	0.6416	1.4726	1.9
2018	0.634	1.4675	1.9
2019	0.6267	1.4623	1.9
2020	0.6198	1.4571	1.9
2021	0.6137	1.452	1.9

图 8.17　能源结构演化政策模拟

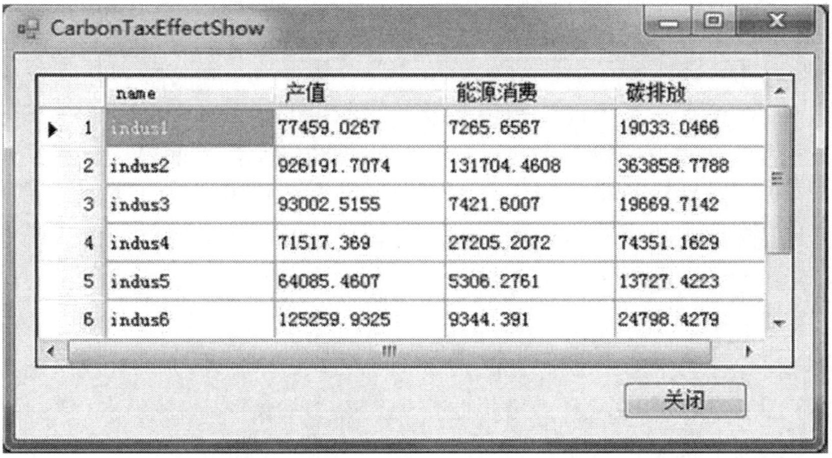

CarbonTaxEffectShow

	name	产值	能源消费	碳排放
1	indus1	77459.0267	7265.6567	19033.0466
2	indus2	926191.7074	131704.4608	363858.7788
3	indus3	93002.5155	7421.6007	19669.7142
4	indus4	71517.369	27205.2072	74351.1629
5	indus5	64085.4607	5306.2761	13727.4223
6	indus6	125259.9325	9344.391	24798.4279

关闭

图 8.18　碳税情景变化的影响

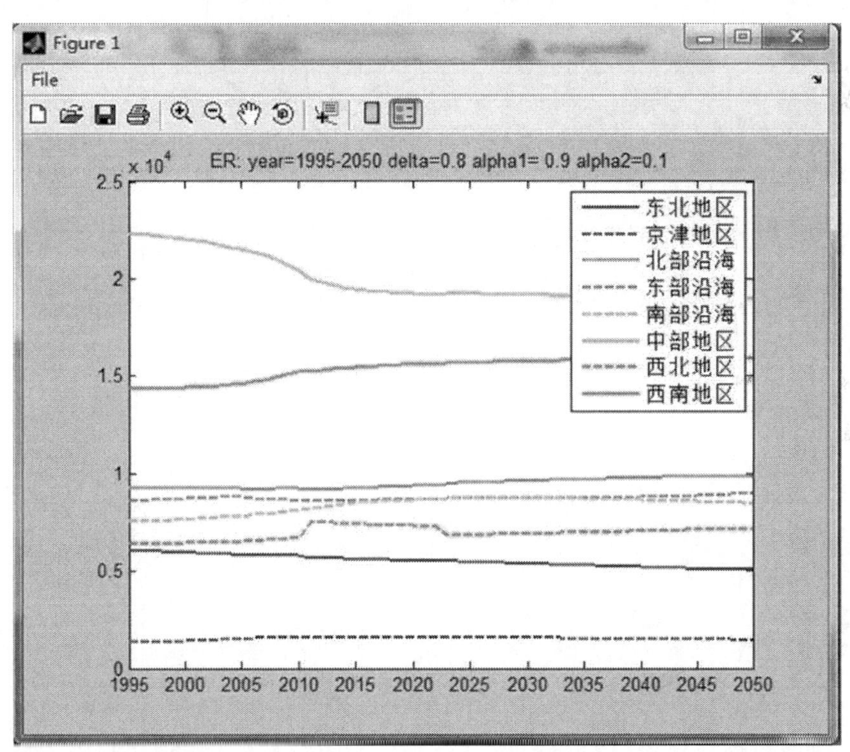

图 8.19　不同碳排放权分配原则、不同起算基年组合下的各地区碳排放权配额比较

8.4　本 章 小 结

目前国际流行的碳排放相关软件均受限于背后的理论模型，缺乏灵活性，并不一定适合中国国情，因此研发出适合中国减排路径的决策支持平台，对中国制定相关政策有

较强的实用性与需求迫切性。

本章所开发的决策支持平台是对前面第 3 章、第 4 章、第 6 章、第 7 章模型的集成和软件实现，在决策支持系统设计思想指导下，本章进行了基于 GIS 的中国区域碳排放决策支持系统的建设需求分析及概要设计，并基于图形用户界面设计，将经济和能源最优化模型、最优能源结构演化模型、投入产出模型和模糊目标规划模型、碳排放权分配模型集成到中国区域碳排放决策支持系统中，并通过数据库和外部控制，实现了模型间的互动，极大地方便了研究人员根据需要对各种情景进行高效准确模拟，改善了决策效能，提高了决策效率。

系统采取模块化设计，各模块之间为松耦合关系，因此系统具有较好的可扩展性和可维护性，在项目执行后期，可扩充其他相关模型和数据库，并制定相关算法，以提供更大型和更复杂的决策支持。

附录 A　部分参数估计值

参数	煤	天然气	石油	核能	风能	水能	太阳能
μ	0.479	0.323	0.207	0.772	0.157	0.265	0.103
ξ	0.318	0.471	0.267	0.000	0.000	0.000	0.000
τ	0.161	0.293	2.426	0.928	2.187	0.985	1.565
δ	0.056	0.088	0.088	0.056	0.074	0.050	0.074
λ	0.977	0.000	0.000	0.000	0.000	0.023	0.000
KE_j	59889.170	2402.960	823.000	907.820	1759.940	19629.020	25.620
I_j	18775.860	1342.061	253.504	9251.000	17886.305	21322.004	759.434
SC_j	643.333	560.500	461.000	5299.003	1493.500	1583.667	3284.750
EL_j	28665.470	776.270	170.760	700.500	276.160	5193.790	2.650
（$O\&M$）$_j$	178046.398	2653.915	70.387	754.849	126.259	5272.883	1.693
NEL_j	90138.715	1646.494	638.711	0.000	0.000	0.000	0.000
Bj	24695.250	1081.244	1235.355	6309.737	1672.652	3916.854	1265.702
$\log_2$（PR_j）	−0.333	−0.085	−0.148	−0.026	−0.017	−0.093	−0.003

注：对应 GAMS 代码。

附录 B 产业结构优化下，减排效应评估的 Matlab 代码

```
%-----------------------------------------------------------------------------------------------------
%27 部门产业结构优化的影响
%-----------------------------------------------------------------------------------------------------

clear;
%load('xianxingguihua5');% 载入数据
NumberofEnergy=4; %能源种类
NumberofEconomic=27;%部门数量
%%%%%%%%%%%%%%%统一单位
%最终所求 Xi 单位为亿元,所以需要单位统一
Ggoal=Ggoal/10000;%转化成亿元
Xioutput=Xioutput/10000;%转化成亿元
Ei=Ei*10000;%Ei 原为万 t 标煤，转化为 t 标煤
eij=eij*10000;%eij 从 t 标煤/万元转化为 t 标煤/亿元
ei=ei*10000;%ei 单位为：t 标煤/亿元
dg=Ggoal*0.0005;%Ggoal 为目标年 GDP，为预测值，dg 为目标年 GDP 值的容差,GDP 单位已经是亿元，不需要再转化，但 Yi 需转化
V1=V/dg;%V 为增长率
a1_left=[V1,-1];%方程 1 的左边
Cgoal=Cgoal*10000;% CO2 原单位为亿 t，现转化万 tCO2
%eij_sum=sum(eij,2);能源投入系数的和，每一产业不一样，和为能源和
dc=Cgoal*0.0005;%Cgoal 为目标年 CO2 排放目标,dc 为容差,CO2 单位为万 t
for i=1:NumberofEconomic
    for j=1:NumberofEnergy
        ce(i,j)=cij(j)*eij(i,j); %求 cij*eij
    end
end
ce_sum=sum(ce,2);
a2_pre=ce_sum/dc/10000;%方程 2 未加 alpha 之前,CO2 单位为万 t，而此时分子单位为 t,需转化
a2_pre=a2_pre';
a2_left=[a2_pre,1];%方程 2 的左边
I=eye(NumberofEconomic);%特征矩阵
a3_pre=D-I;%方程 3 未加 alpha 之前
```

```
a3_zero=zeros(NumberofEconomic,1);
a3_left=[a3_pre,a3_zero];%方程 3 左边
Xiup=1.2*Xioutput;%Xi 行业产出上限,单位为亿元
Ei_sum=sum(Ei,2);%针对产业求能源需求和
Eiup=1.2*Ei_sum;%Ei 上限
Eidown=0.90*Ei_sum;%Ei 下限
Eiup_division_e=Eiup./ei;%ei 是总能源投入系数

a1_right=-(Ggoal-dg)/dg;%方程 1 右边
a2_right=(Cgoal+dc)/dc;%方程 2 右边
Yi=0.85*Yi/10000;%最终需求转化为亿,最终需求下限
a3_right=-Yi;%方程 3 的右边

%%%%%%%%%%%%%%%%%%%%%%%%%建模之前，先标准化问题，转化为最小化问题
f=zeros(1,NumberofEconomic+1);
f(NumberofEconomic+1)=-1;       %目标
a1_left=-a1_left;%方程一两边负号
%a3_left=-a3_left;%方程 3 不需负号，因为是 D-I,而不是 I-D,但右边需负号
a_left=[a1_left;a2_left;a3_left];%整个模型的左边
a_right=[a1_right;a2_right;a3_right];%整个模型的右边

Xup_pre=[Xiup,Eiup_division_e];%X 最大值合并
%Xup_max=max(Xup_pre,[],2);%X 的最大值
Xup_max=Xiup;
alphaup=100000;%alpha 最大值
alphadown=0;%alpha 最小值
Xup=[Xup_max;alphaup];%X 上限

Eidown_division_e=Eidown./ei;%X 下限
Xdown=[Eidown_division_e;alphadown];%X 下限

%%%%%%%%%%%%%%%%%%%%%%%%%%%%%%模型求解
f=f';
a=a_left;
b=a_right;
lb=Xdown;
ub=Xup;
%options=optimset('maxiter',1e4,'tolfun',1.00e-006);
```

```
%options=optimset('LargeScale','off','Simplex','on');
[x,fval,exitflag,output,lambda]=linprog(f,a,b,[],[],lb,ub);%,[],options);%最终求出 x 最优产值的单位为亿元
afterYiChangeCO2(NumberofEnergy)=0;%产业结构改变后，CO2 排放量
beforeYiChangeCO2(NumberofEnergy)=0;%产业未改变时的 CO2 排放量
afterYiChangeCO2Per(NumberofEnergy,NumberofEconomic)=0;%优化后每行业每种能源的 CO2 排放量
afterYiChangeCO2SumCol(NumberofEconomic)=0;%优化后各行业的 CO2 排放量，它是afterYiChangeCO2Per 的列和
afterEiChangeCO2Per(NumberofEnergy,NumberofEconomic)=0;%优化后每行业每种能源的能源消耗量
afterEiChangeCO2SumCol(NumberofEconomic)=0;%优化后各行业的能源消消耗量，它是afterEiChangeCO2Per 的列和
for i=1:NumberofEnergy
    for j=1:NumberofEconomic
        afterYiChangeCO2(i)=cij(i)*eij(j,i)*x(j)+afterYiChangeCO2(i);
        beforeYiChangeCO2(i)=cij(i)*eij(j,i)*Xioutput(j)+beforeYiChangeCO2(i);
        afterYiChangeCO2Per(i,j)=cij(i)*eij(j,i)*x(j);
        afterEiChangeCO2Per(i,j)=eij(j,i)*x(j);
    end
end
afterminusbeforeCO2Change=afterYiChangeCO2-beforeYiChangeCO2;%变化后的 CO2 量与变化前的CO2 量的差，单位为 t
afterYiChangeCO2SumCol=sum(afterYiChangeCO2Per)/10000;%原单位为 t ，转换为万 t
afterYiChangeCO2SumCol=afterYiChangeCO2SumCol';
afterEiChangeCO2SumCol=sum(afterEiChangeCO2Per)/10000;%原单位是 t 标煤，转化为万 t
afterEiChangeCO2SumCol=afterEiChangeCO2SumCol';
for i=1:NumberofEnergy
    co2ChangeFudu(i)=afterminusbeforeCO2Change(i)/beforeYiChangeCO2(i)*100;%变化前后 CO2 增加幅度
end
totalChangeFudu=sum(afterminusbeforeCO2Change)/sum(beforeYiChangeCO2)*100;%总 CO2 变化幅度
```

附录C 碳税情景下，减排效应评估的Matlab代码

```
%---------------------------------------------------------------------------------------------------------
%芬兰、瑞典、欧盟碳税情景的影响，情景变动在C#中实现
%---------------------------------------------------------------------------------------------------------

clear;
%load 'xianxingguihuaTax2';
NumberofEnergy=4; %能源种类
NumberofEconomic=7;%部门数量
Elij=-Elij;
Eee=-Eee;
Eke=-Eke;
Ele=-Ele;
Eme=-Eme;
Tax=Tax*5.9466;
for i=1:NumberofEnergy   %求Pi变化
    for j=1:NumberofEconomic
        PiChange(j,i)=Tax(1,i)*Eni(j,i);%求Pi变化
    end
end
talbeIOrow=[IO1,IO3];%按象限分，把投入产出表分为四象限
SumoftableIOrow=sum(talbeIOrow,2);
for i=1:NumberofEconomic
    totalPiChange(i)=sum(PiChange(i,:))/sum(Eni(i,:));%Pi总变化率
    deltaQi(i)=totalPiChange(i)*Eke*sum(IO2(3,:))+totalPiChange(i)*Ele*sum(IO2(1,:));%Oi 变化量，即GDP的变化量
    deltaYi(i)=totalPiChange(i)*Eee*sum(IO1(2,:))+totalPiChange(i)*Eme*sum(sum(IO1));%Yi 变化量 ，即中间投入的变化量

ViChange(i)=(deltaQi(i)+SumoftableIOrow(i))/(sum(IO3(i,:))+deltaYi(i)+deltaQi(i)+SumoftableIOrow(i));%Vi变化率，税后产业增加值增长率
end
Didot_division_Di(NumberofEconomic)=0;
for i=1:NumberofEconomic
```

```
        for j=1:NumberofEnergy
            Didot_division_Di(i)=Tax(j)*Elij(i,j)+Didot_division_Di(i);%求出 Didot/Di 的值，产业能源需求变化率
        end
    end
    for i=1:NumberofEconomic
        eiChange(i)=(sum(Eni(i,:))*10000/SumoftableIOrow(i))*(1+Didot_division_Di(i));%能源投入系数变化
    end
    for i=1:NumberofEconomic
       afterTaxEni(i)=(1+Didot_division_Di(i))*sum(Eni(i,:))%税后的能源需求量
    end
```

附录 D 碳排放权动态分配模拟的 Matlab 代码

```
%----------------------------------------------------------------------------------------------------------------------
%以基年变化变例，模拟各区域碳排放量变异系数， TR 不变，delta 可变，其他情况模型类似
%----------------------------------------------------------------------------------------------------------------------
clear;
load carbondatapapaer4.mat;
%需要载入 pophisandfutre,GDPhisandfuture,Energyhisandfuture
TB=1;
%TR=15;
TE=56;
sumpophis(8)=0;
sumpopscene(8)=0;
sumGDPhis(8)=0;
sumGDPscene(8)=0;
% sumEnergyhis(8)=0;
% sumEnergyscene(8)=0;
GB=0; %未来碳排放量(2010-2050 年)
alpha1=1./2;
alpha2=1./2;
% alpha3=1./3;
HEsum=sum(HE);
FEsum=sum(FE);
FEsumright=75870;%可获取的碳排放权
GB=sum(HEsum)+sum(FEsumright); %GB 可调
year(1)=1;
for i=1:7
    year(i+1)=i*8;
end
for i=1:8
  for delta=0.8:.01:1;
    for r=1:8
        for t=1:56
            if t<=year(i)
                sumpophis(r)=sumpophis(r)+pophisandfuture(t,r)*delta^(year(i)-t);%history of   people
```

```
                else
                    sumpopscene(r)=sumpopscene(r)+pophisandfuture(t,r)*delta^(t-year(i));%future of   people
                end
            end
            sumofpop(r)=sumpophis(r)+sumpopscene(r); %sum of history and future 分区域
            sumdistrictpop=sum(sumofpop);% sum of total history and future 总的
            sumdistrictGDP=sum(GDPhisandfuture(year(i),:));
        end

        for r=1:8
             frpop(r)=0;
             frGDP(r)=0;
             for t=1:56
                 if t<=year(i)
                     frpop(r)=frpop(r)+pophisandfuture(t,r)*delta^(year(i)-t)/sumdistrictpop; %compute fr
                 else
                     frpop(r)=frpop(r)+pophisandfuture(t,r)*delta^(t-year(i))/sumdistrictpop; %compute fr
                 end
             end
            frGDP(r)=GDPhisandfuture(year(i),r)/sumdistrictGDP;
            FRpop=sum(frpop);
            FRGDP=sum(frGDP);
            FR(int16(delta*100-79),r)=frpop(r)*alpha1+frGDP(r)*alpha2;
            ER(int16(delta*100-79),r)=FR(int16(delta*100-79),r)*GB-HEsum(r);
            FRr(r)=frpop(r).*alpha1+frGDP(r).*alpha2;%每个地区的 FR，基年是 TR。
            sumFRr=sum(FRr);
            sumpophis(r)=0;
            sumGDPhis(r)=0;
            sumpopscene(r)=0;
            sumGDPscene(r)=0;
        end
        CV(int16(delta*100-79))=std(ER(int16(delta*100-79),:),0)/mean(ER(int16(delta*100-79),:));%变异
系数的计算
      end
    %-----------------------------------------------------------------
    %配合 TR 不变，delta 变使用
    %-----------------------------------------------------------------
    %变异系数随 delta 变化
```

```
TRyear=.8:.01:1;
figure;
plot(TRyear,CV,'r-');
legend('变异系数');
title(['TR=',num2str(year(i)+1994)]);
% axis([-inf,inf,0.44,0.60])
end
GBquota=75870;%总配额
```

附录 E　C#与 Matlab 混合编程的一般步骤

(1) 将 Matlab 关键算法写成函数形式，如模糊目标规划模型写成 Matlab 函数，并保存为 m 文件 PlanforMatlab.m：

```
function [x]=xianxingguihua(Cgoal,D,Ei,Ggoal,V,Xioutput,Yi,cij,ei,eij)
```

x 为返回值，Cgoal,D,Ei,Ggoal,V,Xioutput,Yi,cij,ei,eij 分别为输入参数，可通过 C#编程从数据库中获取。

(2) 通过 Matlab 的 Deploy 工具将 Matlab 函数的 m 文件 PlanforMatlab.m 转化为.dll 文件 PlanforMatlab.dll。

(3) 在 C#中，添加引用

```
using MathWorks.MATLAB.NET.Arrays;
using MathWorks.MATLAB.NET.Utility;
using PlanforMatlab;
```

(4) 在 C#中调用 Matlab 算法，进行计算或其它数据处理

```
PlanforMatlab.PlanforMatlabclass MyPlanforMatlab = new PlanforMatlab.PlanforMatlabclass();
MWArray[]max=MyPlanforMatlab.xianxingguihua(1,(MWArray)CgoalValue,(MWNumericArray)aijValue,(MWNumericArray)EniValue,(MWArray)GgoalValue,(MWNumericArray)VValue,(MWNumericArray)XioutputValue,(MWNumericArray)YiValue,(MWNumericArray)cijValue,(MWNumericArray)eiValue,(MWNumericArray)eijValue);
MWNumericArray x1 =(MWNumericArray)max[0];
double[,] xResult =(double[,])x1.ToArray(MWArrayComponent.Real);
GDPVValue myGDPVValue = new GDPVValue(xResult);
myGDPValue.Show();
```

附录 F　C#与 EXCEL 混合编程的一般步骤

(1) 在 C#中添加引用

```
using Microsoft.Office.Interop.Excel
```

(2) 连接到相应的 Excel 文件

```
 public string path = System.Windows.Forms.Application.StartupPath + @"\gams\parmTable.xlsx";
```

(3) C#与 EXCEL 数据通信

```
Microsoft.Office.Interop.Excel.Application excel; //定义类
excel = new Microsoft.Office.Interop.Excel.ApplicationClass();
try
{
    object missing = System.Reflection.Missing.Value;
    excel.Visible = false;
    excel.Application.Workbooks.Add(true);
    _Workbook myBook;
    _Worksheet mySheet;
    myBook = excel.Workbooks[1];
mySheet =(Worksheet)myBook.ActiveSheet;
    //对单元格赋值
     mySheet.Cells[1, 2] = "VALUE";
     mySheet.Cells[2, 1] = "DEP";
     mySheet.Cells[3, 1] = "TPRF";
     mySheet.Cells[4, 1] = "MBUDG";
     mySheet.Cells[5, 1] = "ROU_NEL";
     mySheet.Cells[6, 1] = "ROU_EL";
     mySheet.Cells[7, 1] = "ROU_ENERGY";
     mySheet.Cells[8, 1] = "A_ENERGY";
     mySheet.Cells[9, 1] = "A_EL";
     mySheet.Cells[10, 1] = "A_NEL";
     mySheet.Cells[11, 1] = "LAMDA_EL";
     mySheet.Cells[12, 1] = "LAMDA_NEL";
     mySheet.Cells[13, 1] = "MJU_GR";
     mySheet.Cells[14, 1] = "EXCH_RATE";
//将单元格与 TextBox 关联，参数设置
     mySheet.Cells[2, 2] = tableDEP;
```

```
            mySheet.Cells[3, 2] = tableTPRF;
            mySheet.Cells[4, 2] = tableMBUDG;
            mySheet.Cells[5, 2] = tableROU_NEL;
            mySheet.Cells[6, 2] = tableROU_EL;
            mySheet.Cells[7, 2] = tableROU_ENERGY;
            mySheet.Cells[8, 2] = tableA_ENERGY;
            mySheet.Cells[9, 2] = tableA_EL;
            mySheet.Cells[10, 2] = tableA_NEL;
            mySheet.Cells[11, 2] = tableLAMDA_EL;
            mySheet.Cells[12, 2] = tableLAMDA_NEL;
            mySheet.Cells[13, 2] = tableMJU_GR;
            mySheet.Cells[14, 2] = tableEXCH_RATE;
            excel.DisplayAlerts=false;//不显示 excel 界面
            myBook.SaveAs(path, missing, missing, missing, missing, missing, XlSaveAsAccessMode.xlNo
Change, missing, missing, missing, missing, missing);
            excel.DisplayAlerts = true;
            System.Runtime.InteropServices.Marshal.ReleaseComObject(myBook);
            System.Runtime.InteropServices.Marshal.ReleaseComObject(mySheet);
            System.Runtime.InteropServices.Marshal.ReleaseComObject(excel);
            myBook.Close(null, null, null);
            excel.Workbooks.Close();
            mySheet = null;
            myBook = null;
            missing = null;
            excel.Quit();
            excel = null;
        }
        catch(System.Exception ex)
        {
            KillExcelProcess();//Kill 进程
        }
        finally
        {
            KillExcelProcess();
        }
    private void KillExcelProcess()
    {
            System.Diagnostics.Process[] myProcesses;
```

```
        myProcesses = System.Diagnostics.Process.GetProcessesByName("Excel");
        foreach(System.Diagnostics.Process myProcess in myProcesses)
        {
            myProcess.Kill();
        }
}
```

附录 G　C#与 GAMS 混合编程的一般步骤

```
private void 调用 GAMS 计算 ToolStripMenuItem_Click(object sender, EventArgs e)
{
    Process p = new Process();//开启新进程
    p.StartInfo.FileName = @"C:\Program Files\GAMS23.3\gams.exe";
    p.StartInfo.WorkingDirectory =Application.StartupPath+@"\gams"; //GAMS 的安装路径
    p.StartInfo.Arguments = "\"" +Application.StartupPath+@"\gams\ener_0315.gms" + "\" LO=0 --runid=" + "0";
    p.StartInfo.CreateNoWindow = true;
    p.StartInfo.WindowStyle = System.Diagnostics.ProcessWindowStyle.Hidden;
    //GAMS 进程开启
    p.Start();
    p.WaitForExit();
    myWaitWindow.Close();
    MessageBox.Show("计算完成！");
}
```

附录 H 参数对照表

参数名	参数意义	参数名	参数意义
L	人力资本总量	τ_j	区分不同发电技术的运行和维护成本
L_Y	普通生产工人所占比例	ξ_j	表示燃料转化为电能的效率
L_A	技术创新工人所占比例	$X_f(t)$	第 t 年 f 种化石燃料消费量
Y	总产出	φ	剩余化石燃料储量的变动率
E	能源投入	$\mathrm{KE}_j(t)$	装机容量
C	消费	$O\&M_j(t)$	运行和维护成本
R	能源存量	I_j	装机投资
$u(C)$	效用函数	SC_j	装机成本
θ	风险规避系数	B_j	规模系数
ϕ	能源可再生率	PR_j	技术进步率
δ	折旧率	V_i	产业 i 增加值的增长率
n	知识存量	X_i	i 产业在目标年的产值
g	人口增长率	G_{goal}	目标年总产出
η	知识存量弹性	d_g	目标年总产值的容差
ξ	资本弹性	C_{goal}	目标年的 CO_2 排放量
γ	人力资本弹性	d_c	目标年份 CO_2 的容差
β	能源弹性	c_{ij}	CO_2 排放系数
ρ	贴现率	e_{ij}	能源投入系数
$E_{\mathrm{EN}}(t)$	t 年能源总产出	D	直接消耗系数矩阵
A_{EN}	总能源产出规模系数	P_i'	i 部门能源价格变化率
ρ_{EN}	非电力能源与电力能源的替代弹性系数	Q_{C_i}	i 部门各能源品种的消耗量
$\lambda_{\mathrm{EL}}, \lambda_{\mathrm{NEL}}$	电力能源和非电力能源的份额参数	$E_{\mathrm{KE}}, E_{\mathrm{LE}}$	能源交叉弹性
E_{EL}	电力能源产出	e_j	能源投入系数
E_{NEL}	非电力能源产出	o_{ij}	人均实际碳排放量
$P_f(t)$	t 年第 f 种化石能源价格	N_{ij}	人口数量
$\chi_f(t)$	第 t 年 f 种化石燃料的边际开采成本	B_{ij}	碳排放量亏损量
π_f, ψ_f	弹性系数	GB	总碳排放量约束
Q_f	累积开采量	fr	每个区域每年的碳排放权分配比例
$\bar{Q}_f$	剩余储量	HE	历史时期的碳排放量
μ_j	将装机容量转化为电力能源的转化效率	FR	总碳排放约束比例

参 考 文 献

白泉, 戴彦德. 2007. 单位 Gop 能耗与节能降耗. 世界环境, (03): 17-21.

鲍健强, 苗阳, 陈锋. 2008. 低碳经济: 人类经济发展方式的新变革. 中国工业经济, (04): 153-160.

鲍健强, 朱逢佳. 2009. 从创建低碳经济到应对能源挑战——解读英国能源政策的变化与特点. 浙江工业大学学报(社会科学版), (02): 148-154.

北京师范大学经济管理研究院. 2008. 2008 年中国市场经济发展报告. 北京: 北京师范大学出版社.

毕硕本, 王桥, 徐秀华. 2003. 地理信息系统软件工程的原理与方法. 北京: 科学出版社.

陈文颖, 高鹏飞, 何建坤. 2004. 用 MARKAL-MACRO 模型研究碳减排对中国能源系统的影响. 清华大学学报(自然科学版), (03): 342-346.

陈文颖, 吴宗鑫, 何建坤. 2005. 全球未来碳排放权"两个趋同"的分配方法. 清华大学学报(自然科学版), (06): 850-853.

崔丽丽, 王铮, 刘扬. 2002. 中国经济受 CO_2 减排率影响的不确定性 CGE 模拟分析. 安全与环境学报, (01): 39-43.

邓吉祥, 刘晓, 王铮. 2014. 中国碳排放的区域差异及演变特征分析与因素分解. 自然资源学报, 29(2): 189-200.

方精云, 王少鹏, 岳超, 等. 2009. "八国集团"2009 意大利峰会减排目标下的全球碳排放情景分析. 中国科学(D 辑: 地球科学), (10): 1339-1346.

冯俊新. 2010. 经济发展与碳减排分析. 中国人民大学学报, (02): 11-18.

付允, 马永欢, 刘怡君, 等. 2008. 低碳经济的发展模式研究. 中国人口. 资源与环境, (03): 14-19.

高鹏飞, 陈文颖. 2002. 碳税与碳排放. 清华大学学报(自然科学版), (10): 1335-1338.

龚轶, 顾高翔, 刘昌新, 等. 2013. 技术创新推动下的中国产业结构进化. 科学学研究, (08): 1252-1259.

国务院发展研究中心课题组, 刘世锦, 张永生. 2009. 全球温室气体减排: 理论框架和解决方案. 经济研究, (03): 4-13.

何建坤, 刘滨. 2006. 我国减缓碳排放的近期形势与远期趋势分析. 中国人口. 资源与环境, (06): 153-157.

何建坤, 张希良. 2005. 我国产业结构变化对 GDP 能源强度上升的影响及趋势分析. 环境保护, (12): 37-41.

何建坤. 2009. 发展低碳经济, 关键在于低碳技术创新. 绿叶, (01): 46-50.

贺菊煌, 沈可挺, 徐嵩龄. 2001. 碳税对中国国民经济的影响: 基于 CGE 模型的实证分析. 北京: 中国社会科学院数量经济与技术经济研究所工作论文.

贺菊煌, 沈可挺, 徐嵩龄. 2002. 碳税与二氧化碳减排的 CGE 模型. 数量经济技术经济研究, (10): 39-47.

贺媛. 2012. 中国能源结构与经济增长模式转变. 上海: 华东理工大学硕士论文.

胡初枝, 黄贤金, 钟太洋, 等. 2008. 中国碳排放特征及其动态演进分析. 中国人口. 资源与环境, (03): 38-42.

姜克隽. 2004. 气候变化: 全球和中国面临的挑战. 世界环境, (03): 20-22.

姜克隽. 2009. 中国 2050 年低碳发展情景研究. 北京: 科学出版社.

蒋金荷. 2010-6-22. 经济系统分析是科学发展观的具体应用. 中国社会科学报, 4.

蒋金荷, 姚愉芳. 2002. 气候变化政策研究中经济——能源系统模型的构建. 数量经济技术经济研究,

(07): 41-45.
蒋中一. 1999. 动态最优化基础. 北京: 商务印书馆.
金乐琴, 刘瑞. 2009. 低碳经济与中国经济发展模式转型. 经济问题探索, (01): 84-87.
科斯坦萨, 乔根森. 2004. 理解和解决 21 世纪的环境问题: 面向一个新的、集成的硬问题科学. 郑州: 黄河水利出版社.
黎勇. 2007. 降低碳排放, 增加利益. 世界环境, (02): 63-71.
李开盛. 2012. 论全球温室气体减排责任的公正分担——基于罗尔斯正义论的视角. 世界经济与政治, (03): 39-56.
李伟, 张希良, 周剑, 等. 2008. 关于碳税问题的研究. 税务研究, (03): 20-22.
李忠发. 2010. 中国气象局局长郑国光解读《哥本哈根协议》. 资源与人居环境, (02): 58-59.
李子奈. 2010. 计量经济学. 3. 北京: 高等教育出版社.
廖玫, 戴嘉. 2008. 国际碳排放贸易的市场格局及其准入条件研究. 财贸研究, (01): 67-72.
刘兰翠. 2006. 我国二氧化碳减排问题的政策建模与实证研究. 中国科学技术大学.
刘丽, 刘清, 宋国强, 等. 2006. 基于 GIS 组件的农业气象信息服务系统. 中国农业气象, (04): 305-309.
刘晓. 2012. 中国区域碳排放配额控制政策的建模和系统开发研究. 上海: 华东师范大学博士论文.
刘燕华, 葛全胜, 何凡能, 等. 2008. 应对国际 CO_2 减排压力的途径及我国减排潜力分析. 地理学报, (07): 675-682.
闾国年, 袁林旺, 俞肇元. 2013. GIS 技术发展与社会化的困境与挑战. 地球信息科学学报, (04): 483-490.
吕永成. 1992. 区域经济模糊动态投入产出优化模型及其应用研究. 系统工程, (05): 17-22.
潘家华. 1997. 持续发展途径的经济学分析. 北京: 中国人民大学出版社.
蒲英霞, 马荣华, 葛莹, 等. 2005. 基于空间马尔可夫链的江苏区域趋同时空演变. 地理学报, (05): 817-826.
秦朵, 宋海岩. 2003. 改革中的过度投资需求和效率损失——中国分省固定资产投资案例分析. 经济学(季刊), (03): 807-832.
秦耀辰, 张丽君, 鲁丰先, 等. 2010. 国外低碳城市研究进展. 地理科学进展, (12): 1459-1469.
单力, 阿柱. 2007. 计算你的碳足迹. 环境, (08): 54-56.
盛骤, 谢式千, 潘承毅. 2008. 概率论与数理统计. 四. 北京: 高等教育出版社.
石莹, 朱永彬, 王铮. 2015. 成本最优与减排约束下中国能源结构演化路径. 管理科学学报, 10: 26-37.
宋德勇, 卢忠宝. 2009. 我国发展低碳经济的政策工具创新. 华中科技大学学报(社会科学版), (03): 85-91.
宋德勇, 卢忠宝. 2009. 中国碳排放影响因素分解及其周期性波动研究. 中国人口. 资源与环境, (03): 18-24.
苏伟. 2008. 中国政府如何应对气候变化. 绿叶, (08): 34-41.
苏占胜, 陈晓光, 黄峰, 等. 2008. 基于 GIS 的宁夏气候要素推算及农业气候资源分析. 干旱地区农业研究, (04): 242-249.
孙法柏. 2007. 资源节约、环境保护与消费税调整. 经济师, (06): 61.
涂毅. 2008. 国际温室气体(碳)排放权市场的发展及其启示. 江西财经大学学报, (02): 15-19.
王灿, 陈吉宁, 邹骥. 2005. 基于 CGE 模型的 CO_2 减排对中国经济的影响. 清华大学学报(自然科学版), (12): 1621-1624.
王灿, 傅平, 陈吉宁. 2008. 清洁发展机制对温室气体减排的贡献. 清华大学学报(自然科学版), (03): 357-361.
王俊松, 贺灿飞. 2010. 能源消费、经济增长与中国 CO_2 排放量变化——基于 LMDI 方法的分解分析. 长江流域资源与环境, (01): 18-23.
王荣堂, 张祖新, 陈柏寒. 1998. 农业气象信息系统的开发与利用. 中国农业气象, (01): 44-46.
王淑芳. 2005. 碳税对我国的影响及其政策响应. 生态经济, (10): 66-69.
王铮, 胡倩立, 郑一萍, 等. 2002. 气候保护支出对中国经济安全的影响模拟. 生态学报, (12): 2238-2245.
王铮, 蒋轶红, 吴静, 等. 2006. 技术进步作用下中国 CO_2 减排的可能性. 生态学报, (02): 423-431.
王铮, 张帅, 吴静. 2012. 一个新的 RICE 簇模型及其对全球减排方案的分析. 科学通报, 57(26): 2507-2515.
王铮, 郑一萍, 蒋轶红, 等. 2004. CO_2 排放控制的动态宏观经济模拟分析. 生态学报, (07): 1508-1513.
王铮, 朱永彬, 刘昌新, 等. 2010. 最优增长路径下的中国碳排放估计. 地理学报, (12): 1559-1568.
魏涛远, 格罗姆斯洛德. 2002. 征收碳税对中国经济与温室气体排放的影响. 世界经济与政治, (08): 47-49.
魏一鸣, 范英, 王毅, 等. 2006. 关于我国碳排放问题的若干对策与建议. 气候变化研究进展, (01): 15-20.
温家宝. 2010. 凝聚共识加强合作推进应对气候变化历史进程——在哥本哈根气候变化会议领导人会议上的讲话. 资源与人居环境, (1): 16-18.
吴静, 王铮, 朱潜挺. 2010. 国际气候保护方案分析. 安全与环境学报, (06): 92-97.
项目办公室. 2001. 气候异常对国民经济影响评估业务系统的研究. 北京: 气象出版社.
徐国泉, 刘则渊, 姜照华. 2006. 中国碳排放的因素分解模型及实证分析: 1995-2004. 中国人口. 资源与环境, (06): 158-161.
杨圣明, 韩冬筠. 2007. 新兴的温室气体排放权国际市场初步研究. 财贸经济, (01): 111-115.
尤卓雅. 2011. 能源替代、安全约束和经济增长. 杭州: 浙江大学博士学位论文.
余江. 2008. 资源约束: 结构变动与经济增长. 北京: 人民出版社.
袁富华. 2010. 低碳经济约束下的中国潜在经济增长. 经济研究, (08): 79-89.
约翰 • H • 杰克逊. 2009. 国家主权与 WTO 变化中的国际法基础. 北京: 社会科学文献出版社.
张阿玲, 郑淮, 何建坤. 2002. 适合中国国情的经济、能源、环境(3E)模型. 清华大学学报(自然科学版), (12): 1616-1620.
张洪钺, 王青. 2006. 最优控制理论与应用. 北京: 高等教育出版社.
张建平. 2009. 严防国际贸易保护 主动应对碳关税. 中国科技投资, (10): 52-53.
张军, 吴桂英, 张吉鹏. 2004. 中国省际物质资本存量估算: 1952-2000. 经济研究, (10): 35-44.
张雷. 2003. 经济发展对碳排放的影响. 地理学报, (04): 629-637.
张雪芹, 葛全胜. 1999. 气候变化综合评估模型. 地理科学进展, (01): 62-69.
张亚雄, 赵坤, 张亚雄. 2006. 2006 中国区域间投入产出表. 北京: 社会科学文献出版社.
张友国. 2010. 经济发展方式变化对中国碳排放强度的影响. 经济研究, (04): 120-133.
章升东, 宋维明, 李怒云. 2005. 国际碳市场现状与趋势. 世界林业研究, (05): 11-15.
赵杰明, 姚小强, 杜继稳. 1997. 陕西省卫星遥感与农业气象信息服务系统. 中国农业气象, (01): 43-45.
郑玉歆, 樊明太. 1999. 中国 CGE 模型及政策分析. 北京: 社会科学文献出版社.
周凤起, 周大地. 1999. 中国中长期能源战略. 北京: 中国计划出版社.
周剑, 刘滨, 何建坤. 2009. 低碳发展是我国应对经济危机与气候危机的必然选择. 中国经贸导刊, (15): 18-20.
朱潜挺, 吴静, 洪海地, 等. 2015. 后京都时代全球碳排放权配额分配模拟研究. 环境科学学报, 01: 329-336.

朱永彬. 2011. 排放控制目标下我国最优经济增长路径、减排路径与碳排放趋势研究及模拟系统开发. 上海: 华东师范大学博士学位论文.

朱永彬, 刘晓, 王铮. 2010. 碳税政策的减排效果及其对我国经济的影响分析. 中国软科学, (04): 1-9.

朱永彬, 王铮, 庞丽, 等. 2009. 基于经济模拟的中国能源消费与碳排放高峰预测. 地理学报, (08): 935-944.

邹骥. 2008. 资本积累阶段中国环保的战略选择. 绿叶, (04): 60-64.

邹骥, 傅莎, 王克. 2009. 中国实现碳强度削减目标的成本. 环境保护, (24): 26-27.

Baranzini G S. 2000. A future for carbon taxes. Ecological Economics, 32(3): 395-412.

Beetsma R, Uhlig H. 1999. An analysis of the stability and growth pact. The Economic Journal, 109(458): 546-571.

Berman E, Bui L T M. 2001. Environmental regulation and labor demand: Evidence from the south coast air basin. Journal of Public Economics, 79(2): 265-295.

Bernardi M. 2001. Linkages between FAO agroclimatic data resources and the development of GIS models for control of vector-borne diseases. Acta tropica, 79(1): 21-34.

Blanchard O J and Kahn C M. 1980. The Solution of linear difference models under rational expectations. Econometrica, 48(5): 1305-1312.

Born S M, Sonzogni W C. 1995. Integrated environmental management: Strengthening the conceptualization. Environmental Management, 19(2): 167-181.

Bosetti V, Massetti E, Tavoni M. 2007. The WITCH model. Structure, baseline, solutions. Nota di Lavoro, Fondazione Eni Enrico Mattei.

Brendemoen, Vennemo. 1994. A climate treaty and the Norwegian economy: A CGE assessment. The Energy Journal, (1): 77-93.

Bretschger L, Ramer R, Schwark F. 2011. Growth effects of carbon policies: Applying a fully dynamic CGE model with heterogeneous capital. Resource and Energy Economics, 33(4): 963-980.

Bruvoll A, Larsen B M. 2004. Greenhouse gas emissions in Norway: Do carbon taxes work. Energy Policy, 32(4): 493-505.

Cleveland C J, Constanra R, Hall C A S et al. 1984. Energy and the US economy: A biophysical perspective. Science, 225(3): 119-206.

Cramton P, Kerr S. 2002. Tradeable carbon permit auctions: How and why to auction not grandfather. Energy policy, 30(4): 333-345.

Dixit A K, Stiglitz J E. 1977. Monopolistic competition and optimum product diversity. The American Economic Review, 67(67): 297-308.

Edwards T H, Hutton J P. 2001. Allocation of carbon permits within a country: A general equilibrium analysis of the United Kingdom. Energy Economics, 23(4): 371-386.

Elkins P, Baker T. 2001. Carbon taxes and carbon emissions trading. Journal of Economic Surveys, 15(3): 325-376.

Faulk D, Thaiprasert N, Hicks M. 2010. The Economic Effects of Replacing the Property Tax with a Sales or Income Tax: A Computable General Equilibrium Approach. Working Papers.

Fisher-Vanden K, Wing I S. 2008. Accounting for quality: Issues with modeling the impact of R&D on economic growth and carbon emissions in developing economies. Energy Economics, 30(6): 2771-2784.

Fuentes-Albero C. 2009. Financial frictions, the financial immoderation, and the great moderation. Albero. University of Pennsylvania.

Gan P Y, Li Z D. 2008. An econometric study on long-term energy outlook and the implications of renewable energy utilization in Malaysia. Energy Policy, 36(2): 890-899.

Gerlagh R, Lise W. 2005. Carbon taxes: A drop in the ocean, or a drop that erodes the stone. The effect of carbon taxes on technological change. Ecological Economics, 54(2): 241-260.

Ghalwash T. 2007. Energy taxes as a signaling device: An empirical analysis of consumer preferences. Energy Policy, 35(1): 29-38.

Goulder L H,Mathai K.2010.CO_2 Abatement in the Presence of Induced Technological Change. Journal of Environmental Economics and Management, 39(1): 1-38.

Green B A. 2009. Lessons from the Montreal Protocol: Guidance for the next international climate change agreement. Envtl L, 39: 253.

Grimaud A, Rouge L. 2008. Environment, directed technical change and economic policy. Environmental and Resource Economics, 41(4): 439-463.

Grossman G M, Krueger A B. 1995. Economic growth and the environment. The quarterly journal of economics, 110(2): 353-377.

Hainoun A, Aldin M S. 2010. Formulating an optimal long-term energy supply strategy for Syria using MESSAGE model. Energy Policy, 38(4): 1701-1714.

Heutel G. 2009. Testing implications of a tournament model of school district salary schedules. Economics of Education Review, 28(1): 143-151.

Heutel G. 2012. How should environmental policy respond to business cycles. Optimal policy under persistent productivity shocks. Review of Economic Dynamics, 15(2): 244-264.

Holdren J D, Daily G C, Ehrlich P R. 1995. The meaning of sustainability: biogeophysical aspects. Defining and Measuring Sustainability. The Biogeophysical Foundations, Universidad de las Naciones Unidas y Banco Mundial, Washington, DC.

Horgan J. 1996. The End of Science. London: Abacus, Little Brown and Co.

Hutchings P, Reilly L O, Parish N M. 1992. The use of a non-depleting anti-CD4 monoclonal antibody to re-establish tolerance to β cells in NOD mice. European Journal of Immunology, 22(7): 1913-1918.

Janssen M, Rotmans J. 1995. Allocation of fossil CO_2 emission rights quantifying cultural perspectives. Ecological Economics, 13(1): 65-79.

Jorgenson D. Gollop F M, Fraumeni B. 2014. Productivity and U. S. Economic Growth. Elsevier.

Kverndokks. 1995. Tradeable CO_2 emission permits: Initial distribution as a justice problem. Environmental values, 4(2): 129-148.

Lee, C F, Lin S J, Lewis C. 2007. Effects of carbon taxes on different industries by fuzzy goal programming: A case study of the petrochemical-related industries, Taiwan. Energy policy, 35(8): 4051-4058.

Liang Q M, Fan Y, Wei Y M. 2007. Multi-regional input–output model for regional energy requirements and CO_2 emissions in China. Energy Policy, 35(3): 1685-1700.

Margerum R D. 1995. Integrated environmental management: Moving from theory to practice. Journal of environmental planning and management, 38(3): 371-392.

Masood E. 1997. A sian economic lead increase in carbon dioxide emissions. Nature, International Weekly Journal of Science, 388(6639): 213.

Mathiesen L. 1996. Grønn Skattereform: Beregning av noen konsekvenser. Green tax reform: Some empirical consequences, SNF-rapport, 30: 96.

Moon Y S, Sonn Y H. 1996. Productive energy consumption and economic growth: An endogenous growth model and its empirical application. Resource and energy economics, 18(2): 189-200.

Mundial B. 2007. State and trends of the CarbonMarket2007. The World Bank.

Nakata T, Lamont A. 2000. Analysis of the impacts of carbon taxes on energy systems in Japan. Energy Policy, 29(2): 159-166.

Nam K M, Selin N E, Reilly J M. 2010. Measuring welfare loss caused by air pollution in Europe: A CGE analysis. Energy Policy, 38(9): 5059-5071.

Naughten B. 2003. Economic assessment of combined cycle gas turbines in Australia: Some effects of microeconomic reform and technological change. Energy Policy, 31(3): 225-245.

Nguyen M H, Nguyen V P. 2008. Grwoth and convergence in a model with renewable and nonrenewabel resources. Development and Policies Reserch Center, Vietnam.

Nordhaus W D. 1994. Managing the global commons: the economics of climate change. MA: MIT press Cambridge.

Nordhaus W D. 1999. Modeling induced innovation in climate policy change in a putty-semi-putty vintage world. GEM-E3 Working Paper.

Nordhaus W D. 2007. The challenge of global warming: economic models and environmental policy. Yale University New Haven.

Nordhaus W D. 2008. A question of balance: Weighing the options on global warming policies. Yale University Press.

Nordhaus W D, Boyer J. 2000. Warming the world: Economic models of global warming. MIT press.

Palmer D, Australia Resource Assessment Commission Research, Information Branch. 1992. Methods for analysing development and conservation issues: The resource assessment Comission's experience. Research and Information Branch of the Resource Assessment Commission.

Park J, Seaton R A F. 1996. Integrative research and sustainable agriculture. Agricultural Systems, 50(1): 81-100.

Petzold C. 1999. Programming Windows. Washington: Microsoft Press.

Pincus R, Klein S A. 2000. Unresolved spatial variability and microphysical process rates in large - scale models. Journal of Geophysical Research: Atmospheres(1984–2012), 105(D22): 27059-27065.

Pizer W A. 1999. The optimal choice of climate change policy in the presence of uncertainty. Resource and Energy Economics, 21(3): 255-287.

Posner E A. 2007. Climate change justice. Geo. LJ, 96: 1565.

Rasche R H, Tatom J A. 1977. Energy resources and potential GNP. Federal Reserve Bank of St. Louis Review, (6): 10-24.

Ravetz J R. 1997. integrated environmental assessment forum: Developint Guidelines for "Good Practice". Working Paper WP-97-1, ULYSSES Programme.

Ravetz J R. 2000. Integrated assessment for sustainability appraisal in cities and regions. Environmental impact assessment review, 20(1): 31-64.

Rios-Rull J V, Schorfheide F. Fuentes-Albero C. et al. 2009. Methods versus substance: Measuring the effects of technology shocks on hours. NBER working paper, 15375.

Risbey J, Kandlikar M, Patwardhan A. 1996. Assessing integrated assessments. Climatic Change, 34(3-4): 369-395.

Robert P, Stephen A K. 2000. Unresolved spatial variability and microphysical process rates in large-scale models. Journal of Geophysical Research, 105(22): 27059-27065.

Romer P M. 1986. Increasing returns and long-run growth. The journal of political economy, 1002-1037.

Rotmans J, Asselt V M. 1996. Maturity, Integrated Assemssment Growing Child. An editorial essay. Clim. Chang.

Scrimgeour F, Oxley L , Fatai K. 2005. Reducing carbon emissions. The relative effectiveness of different types of environmental tax: the case of New Zealand. Environmental Modelling & Software, 20(11): 1439-1448.

Shabbir R, Ahmad S S. 2010. Monitoring urban transport air pollution and energy demand in Rawalpindi and Islamabad using leap model. Energy , 35(5): 2323-2332.

Sim C A. 1989. Models and Their Uses. American Journal of Agricultural Economics, 71(2): 489-494.

Sims C A. 1996. Macroeconomics and Methodology. Journal of Economic Perspective, 10(1): 105-120.

Smulders S. 1995. Entropy, environment, and endogenous economic growth. International Tax and Public Finance, 2(2): 319-340.

Stern N. 2006. The Economics of Climate Change: Stern Review. Cambridge, UK: Cambridge University Press.

Stokey N L. 1998. Are there limits to growth. International economic review, 1-31.

Syme G J, Butterworth J E, Nancarrow B E. 1994. National whole catchment management: A review and analysis of processes. Land & Water Resources, Research & Development Corporation.

Thenkabail P S, Nolte C, Lyon J G. 2000. Remote sensing and GIS modeling for selection of a benchmark research area in the inland valley agroecosystems of West and Central Africa. Photogrammetric Engineering and Remote Sensing, 66(6): 755-768.

Tsionas E G. 2002. Another look at regional convergence in Greece. Regional Studies, 36(6): 603-609.

Turnovsky S J. 2000. Fiscal policy, elastic labor supply, and endogenous growth. Journal of Monetary Economics, 45(1): 185-210.

Vitousek P M, Mooney H A, Lubchenco J. 1997. Human domination of Earth's ecosystems. Science, 277(5325): 494-499.

Waldrop M M, Gleick J. 1992. Complexity: The emerging science at the edge of order and chaos. info London: Viking.

Welsch H, Hoster F. 1995. A general equilibrium analysis of european carbo/energy taxation: Model structure and macroeconomic results. Zeitschrift Fur Wirtschafts-und Sozialwissenschaften, (115): 439-456.

Wissema W, Dellink R. 2007. AGE analysis of the impact of a carbon energy tax on the Irish economy. Ecological Economics, 61(4): 671-683.

WorldBank. 1992. World Bank Development Report 1992: Development and the Environment. Washington DC.

WWF 全球能源课题组. 2007. 气候变化解决方案——WWF2050 展望. 北京：中国环境科学出版社.